一切的矛盾、对错、好坏
在庄子的世界里都不重要，
“大宗师”正反而言亦是。
就如您在这本书的封面和封底看到的一样。
所以，您在小梁的笔记里看到的
一切矛盾、对错、好坏也是自然的了。

大宗师（下）

梁冬说庄子

梁冬私房笔记

梁冬◎著

SPM 南方出版传媒、广东人民出版社
·广州·

大宗师

当一个人在虚拟世界生活的时间很长，
多过他在真实世界的时间，
虚拟世界就成为真实的世界。

第十章

有一天，虚拟世界会变成真实世界

原典

夫道，有情有信，无为无形；可传而不可受，可得而不可见；自本自根，未有天地，自古以固存；神鬼神帝，生天生地；在太极之先而不为高，在六极之下而不为深，先天地生而不为久，长于上古而不为老。

狶韦氏得之，以挈天地；伏戏氏得之，以袭气母；维斗得之，终古不忒；日月得之，终古不息；堪坏得之，以袭昆仑；冯夷得之，以游大川；肩吾得之，以处大山；黄帝得之，以登云天；颛顼得之，以处玄宫；禺强得之，立乎北极；西王母得之，坐乎少广，莫知其始，莫知其终；彭祖得之，上及有虞，下及五伯；傅说得之，以相武丁，奄有天下，乘东维，骑箕尾，而比于列星。

心传的东西妙不可言

上一章讲了，为了证明“一切你想控制的东西是你的”而付出的努力，可能将来都是痛苦的源泉。接着往下面讲：“夫道，有情有信，无为无形；可传而不可受，可得而不可见；自本自根，未有天地，自古以固存；神鬼神帝，生天生地；在太极之先而不为高，在六极之下而不为深，先天地生而不为久，长于上古而不为老。”

庄子认为，“道”是可以被人感知并检验的。但是，它没有明确的作为，也没有明确的样子，可以心传，不能口授，可以有心得而不可以目见。（有过恋爱经历的人都知道，你爱一个人或者你们同时相爱的时候，没有办法说“Honey，I love you！”一旦说出来就假了，因为已经到了需要确认的地步。

在没有说出这句话之前，两个人都知道的状态叫“心传”，一说出来就叫“口授”。）

尽管不能用嘴来说，你仍然可以用某种方式去感受“道”。最有意思的是，在没有天地之前，它就已经存在。它幻化出一切，比如鬼神和上帝、天和地——原文就是“神鬼神地，生天生地”。太初有道，在产生时间以前就有了。

最可乐的事情是，它发生在时间产生以前，就连时间都是它的产物。很多人都在问：“世界既然是万有引力互相推动的，那么最开始是谁呢？总有最开始吧。最开始的人站在哪里才能推动世界呢？”

这是因为你在脑子里面设定有地点和时间的开始。但是，你要知道时间只不过是概念的假象，叫“无寿者相”。时间是大脑关于光阴的概念体验而已。当然，很多人会说，微观世界中原子的振动也有时间刻度。也许这是客观的，但不是仍然需要主观体验去印证和感知吗？

当你真正获得“道”的时候，就可以心想事成

现在，关于意识与物质、主观与客观之间的问题正在科学界进行辩论。随着科学的进一步发展，意识是可以产生物质的。另外，一帮科学界的老师认为，科学的归科学，神学的归神学，文学的归文学。坦白地说，当他们后来抛出很多专业术语的时候，小梁已经“带宽”不够了，由于认知有限，已经无法判断出谁是对的，因为我觉得他们讲的都挺对的。

讲《庄子》的时候，我只是想介绍庄子怎么看待这件事情，我没有能力去判断庄子讲的对不对。庄子

说，在时间产生以前就已经有了道，是它幻化出了时间和鬼神。

实际上，鬼神这件事情很可乐。比如，本来世界上是没有所谓幻影的，它就是一些电磁波。后来，一些人用一种方法把人的形象编码成电磁波，然后通过大气、有线电视或者无线 Wi-Fi 传到接收器里。这个接收器可能是一部手机、一个 iPad 或 3D 投影……总之，在你的面前出现了一个人的形象——一堆数据流“比特”，但它幻化出了样子。用庄子的话来说，这就是“自古以固存，神鬼神帝，生天生地”。

很多人说中国古代没有哲学。我认为，这要看你是怎么定义哲学的。起码在这一篇里面，庄子很清楚地讨论了关于世界的本原问题。他认为，世界的本原是超越时间的概念。他把产生世间万物、空间、时间等最开始的机制称为“道”。而且它永远都不会枯竭，永远都在，永远没有开始，也没有结束。

庄子很好奇地讨论这个问题。他说：“如果你隐约地感受到那个东西是产生一切的，那么你应该向它产生出来的东西学习，还是直接向那个产生万物的东西学习？”

庄子认为，应该向最开始的机制——“道”学习。这个“道”到底是什么呢？庄子摊摊手说，他也不知道。你有没有发现“我知道”和“我不知道”中的“知道”这两个字显得很高级？知道，就在“我知道”和“我不知道”之间。还有，中国人说“聊天”，聊的是“天”，而且经常会有把“天”聊死的人。话说回来，庄子很努力地像老子一样告诉你，当你真正获得“道”的时候，你会得到长生久视，可以心想事成，可以上天入地，可以驾驭星辰，与众星并列。很多人会说，是不是有一种像动画片《葫芦兄弟》里边的东西，你把葫芦塞打开，把那一团气吸进去以后就变成那样的人？其实，不是的。

我来举一个不是很贴切但能帮助你理解的例子。本来，你看到一个屏幕，上面有山川和大地。如果还有一个摄像头，它拍了你，而且你允许它拍，中间经过一系列准入机制、数据的转换，你会发现你的样子变成屏幕里面山川和大地旁边站着的人的样子，也就是说，你进到那个屏幕里了。这就是现在很流行的混合现实。

如果作为旁观者，你看到自己在里面可以驾着一只恐龙跑来跑去，可以瞬间被打死之后又满血复活，可以和女孩子谈情说爱，而且你可以在里面用嘴一吹，噗的一声，这个女孩子身上的衣服就又加了一件……那时候，你就会惊叹于自己怎么可以做这些事情。

人应该以什么样的方式
成为虚拟现实当中的一分子

庄子是一个有“外天下”能力的人，可能他隐隐约约地在做以下推测：如果你获得某种授权、登录协议或Wi-Fi密码，并了解它的游戏规则，你就可以把自己投射进三维或四维空间，在里面进行各种角色扮演。

人应该以什么样的方式成为虚拟现实当中的一分子，并且玩着可以玩的游戏呢？有时候，我在想，可能通过一个很重要的通道。那么，我们如何投入到那个通道中呢？有一个很重要的可能性，就是睡觉。也许我们通过的不仅仅是躺在床上的睡觉，躺在床上只不过是某种方便的充电方式。说不定庄子用他的想象，联想到人们的非卧躺式睡觉方法。

比如，一些人坐着就是睡觉，一些人睁着眼睛说话也能睡着，一些人睡着睡着就睡进去，还有一些人在吃饭的时候就切换过去，可能是通过某种呼吸观象法、某个咒语、某种精神分裂症的现象症状，或者神经电的处理，或者令人迷幻的药物，或者长时间提肛带来的内分泌紊乱而达成。（所谓紊乱是用自己的标准，也许一些修行人就是要达到那种频率。）

总之，万一你可以通过某种方式调到自己的新频段，获得源代码的授权，你就可以穿梭进入不同的时空里面，玩不同的 cosplay 游戏。

庄子说，勘坏（昆仑山之神）得到它，可以掌管昆仑；冯夷（黄河之神）得到它，可以游移大川；肩吾（泰山之神）得到它，可以镇守泰山；黄帝得到它，可以登上云天。这些讲的都是 VR 游戏的情景。

一定要长寿。至少十五年以后，你就可以完全复制这个故事，想成为男人就成为男人，想成为女人就成为女人，再也不用各种 P 图了。在网络里面，你的长相是通过自己的积分换来的。现实中你长什么样子，一点儿都不重要。

当一个人在虚拟世界生活的时间很长，多过他在真实世界的时间，虚拟世界就成为真实的世界。反过来，他会觉得真实的世界如此笨拙，如此不真实，如此没意思，就像我们在梦里面的哭泣，往往比现实的哭泣来得更加悲壮和痛彻心扉一样。

我突然读懂了庄子。在那个年代，庄子肯定认识很多精神分裂者，只不过这种巅峰体验，是我们大部分人所不曾了解的。睡觉的时候，就可以享受你的梦吧。

大宗师

外面的一切生死成毁、
变化的扰乱，
都不能够扰动心地的安宁。

第十一章

哪些人、哪些事可以『长生不老』

原典

南伯子葵问乎女偊曰：『子之年长矣，而色若孺子，何也？』

曰：『吾闻道矣。』

南伯子葵曰：『道可得学邪？』

曰：『恶！恶可！子非其人也。夫卜梁倚有圣人之才而无圣人之道，我有圣人之道而无圣人之才。吾欲以教之，庶几其果为圣人乎！不然，以圣人之道，告圣人之才，亦易矣。吾犹守而告之，参日而后能外天下；已外天下矣，吾又守之，七日而后能外物；已外物矣，吾又守之，九日而后能外生；已外生矣，而后能朝彻；朝彻，而后能见独；见独，而后能无古今；无古今，而后能入于不死不生。杀生者不死，生生者不生。其为物，无不将也，无不迎也，无不毁也，无不成也。其名为撄宁。撄宁也者，撄而后成者也。』

南伯子葵曰：『子独恶乎闻之？』

曰：『闻诸副墨之子，副墨之子闻诸洛诵之孙，洛诵之孙闻之瞻明，瞻明闻之聂许，聂许闻之需役，需役闻之於讴，於讴闻之玄冥，玄冥闻之参寥，参寥闻之疑始。』

有些人年龄很大了，面色却如孩童一般

前面，庄子说感受到“道”以后可以无所不能；现在，庄子接着讲。

南伯子葵问乎女偊曰：“子之年长矣，而色若孺子，何也？”曰：“吾闻道矣。”

冯学成老师认为，这里的南伯子葵，其实就是《齐物论》里的“南伯子綦”，据说是一个道人。这句话的意思就是，南伯子葵问女偊说：**“你的年龄应该很大了，但你的面色却如孩童一般吹弹可破。为什么呢？”女偊说：“我‘闻’道了。”**

这个“闻”字用得很精妙，不仅仅是听闻，还可以通过耳朵接受音波，通过鼻子感受到气流的波。这就是与所谓“道”的频率产生了共振。《心经》中“观自在菩萨，行深般若波罗蜜多时，照见五蕴皆空”的“照”是心心相印的意思——“内心关照得到”。而以上提到的“‘闻’道”，是通过耳与鼻进去的，是与前面所讲的那一个终极游戏规则有若干种连接方式的。比如，看到，触摸到，听到，嗅到，吃到等。女偊说：“我‘闻’道了。”意味着，她六根当中的某些东西与最基础算法底层的代码进行了连接。

南伯子葵说：“道可以学得到吗？”女偊说：“oh,no no no.不，不可以，您不是学道的人。卜梁倚有圣人的才智而没有圣人的根基，我有圣人的根基而没有圣人的才智。”

总之，他就是讲怎样才能够“闻”道，要持守三天，就能够遗忘三维空间里面的状态；持守七天以后，就不被各种现实当中的物质所影响。

比如，不再受到重力的影响也叫“不为物易”。现实当中，你受到某种重力的影响，苹果可以掉到你的头顶上。但是，如果你投身到一个 VR 游戏里面，就可以腾空而起。“九天之后，无立于生死之间”，意思就是说，如果你连续在网上玩游戏，玩了九天，就已经忘记了被砍死之后的感觉，因为砍完之后还可以外挂，还可以充值再来一次。这时候，生死置之度外，心境清明洞彻。所谓“清明洞彻”，就是已经不被重力影响，不被游戏规则影响，不被生死影响，甚至不受时间的影响。

对于一些在游戏厅里面打游戏，一打就是一个通宵甚至三十六个小时，其间只吃一碗泡面的人来说，他们有时间观念吗？考试的时候，他们觉得时间很长；玩游戏的时候，他们就觉得时间很短。

南伯子葵就问：“唉，那么，你怎么能够得到道呢？”女偊就开始讲她的版本了：“我是从副墨的儿子那里听到的，副墨的儿子是从洛诵的孙子那里听到的，洛诵的孙子是从瞻明那里听到的，而瞻明又是从聂许那里听到的，聂许又是从需役那里听到的，需役又是从於讴那里听到的，於讴又是从玄冥那里听到的，玄冥又是从参寥那里听到的，参寥又是从疑始那里得来的。”

这些名字都不是简单的名字，你以为真的有这些人吗？不是的。其实，这是庄子讲的修道的次第，一层一层，最后对开始有没有这件事情都进行怀疑。当你怀疑世界是不是有开始的时候，你就几于道了。所以，叫“疑始”。

庄子怎么在那时候就能理解这一切呢？如果把他置换到当下一个正在发生的情景，或许就能理解什么叫“长生不老”了。

这是最好的年代，也是最坏的年代

前段时间，喜马拉雅 FM 的创始人余建军和陈小雨——两位可爱的人给我打电话，让我参加他们的一个发布会。于是，我就去了。去了之后，我才知道居然是一个签约仪式。他们推出一款智能音箱，叫“小雅”。你跟它说话，喊“小雅，小雅”，它就会回答“哎”，声音还挺甜的。那个声音是甄选了很多女孩子的声音，最后选出来的。你可以跟它对话，说：“小雅小雅，来一段《沙家浜》。”于是，《沙家浜》的音乐就响起来了。对它说：“小雅小雅，声音再大一点儿。”它就把声音调高一点儿。对它说：“小雅小雅，太闹了。”然后，它直接就把声音调小了。

当时，他们说：“要不要把你的声音通过机器学习之后，成为这样的声音？”

也许，将来梁冬定制版的喜马拉雅音箱，就是梁冬的声音。你回到家，说：“老梁，老梁。”我就说：“干吗呢？”你说：“来一段《金刚经》。”合成出来的声音就自动把《金刚经》念了一遍。

如果我拿这款音箱回去给我爸妈听。每天，我妈走进客厅，喊“儿啊”。（可惜不行，因为它是设定的。我爸我妈也只能喊“老梁，老梁”或者“小梁，小梁”，反正你要设定我的名字。）然后，我的声音就出来了，说：“干吗呢？”如果是我爸我妈，我可以单独设计，说：“爹妈，干啥呢？”但是，万一这个授权被其他人盗用了，你在家里喊“老梁，老梁”或者“小梁，小梁”，我就回：“爹，咋啦？”那不是太可乐了吗？

所以，慎重地考虑这件事情之后，我觉得要跟喜马拉雅 FM 认真谈一谈，到底怎么设计我的声音。

这件事听起来，也挺有意思，它利弊皆有。当然，我还活在二元对立当中。但是，它的确很有意思，它的好处是什么呢？将来，可能通过对我的声音学习两百个小时之后，就不需要我再说话，只要远端设计一些文字输进去以后，一些规范化甚至人工智能的合成之后，它就可以和你对话。

以后，我儿子听故事的时候，哪怕是王凯的故事，也是用我的声音念给他听。这件事情很重要，要不然我儿子天天追着我，说："爸爸，我要听王凯叔叔讲故事。"虽然王凯是我的好朋友，但作为亲爹，我还是在想，我儿子天天追着让王凯讲故事，而我在外面讲故事，这算什么事儿啊！

所以，如果这个声音被训练出来之后，它就定在那里了。一百年之后，我儿子都一百零几岁了，他仍然跟他爹四十岁时的声音在交流，难道你不觉得这很像庄子讲的女偶的状态吗？女偶年龄再大，她的样子都可以保持那样。

实际上，上文中提到的小雅也是这样，它的声音永远是这样。可能给它声音的那个女孩子到一百岁的时候，她听见“哎”的一声还是小雅清脆的声音，多么具有时空折叠的感觉啊！

一方面，这个已经发生的情形说明，庄子当年所设想的故事，将会在这一波技术革命的浪潮里面，以奇怪的方式呈现那个现象。另一方面，这些现象又会产生出怎样光怪陆离的人格，并如何让我们重新理解时间和空间？

如果我把声音训练出来成为独立的声音 IP，可以报菜名，可以电视导航，甚至像郭德纲老师一样，在高德地图里面说“枯藤老树昏鸦，开车小心大妈”，或者像林志玲姐姐一样说“小心前面，向左转”。（我最喜欢志玲姐姐的声音。而我老婆每次都要选郭德纲的声音。我们两个人在汽车里的战斗，基本上就是品位和主权的争夺。你说，郭老师和志玲姐姐俩人犯得着为我俩在一部车里边的争斗负责吗？）空间被折叠了，趣味被重合了，时间被扭曲了，这是一种多么几于道的状况。想象一下那个情景，再来读《庄子》，只有两个可能。

第一，庄子在哲学层面幻化想象出来的未来、过去以及真人的状态，和我们现在看到的科技呈现的惊人地一样。

第二，你怎么知道庄子不是在那个年代，通过某种方法体会到了一种类似我们正在投身混合现实，投身虚拟数据，投身 VR，投身人工智能，投身语音和形象合成的未来？

也许庄子依靠想象得出的那种况味，正在大面积地成为未来人类的体验，甚至是一百九十九元的包年体验。试想一下，你不觉得自己很幸运吗？要投多少轮胎你才能投到这一世？好好活着，再坚持五年或十年，你就能够被批量成为“真人”。

这是最好的年代，也是最坏的年代；这不是接近庄子的年代，是最真实接近庄子的年代。但是，这也是庄子的梦想破灭的年代。

原来人也可以这样活

在《大宗师》中，通过南伯子葵和女偊的问答，庄子讲了很多，几千年来，有些无所事事的道人，他们既不创造价值也不生产粮食，饿了最多摘一粒松子，对着一棵松树呼吸，一天就过去了。他们最大的作用就是：让大家知道，原来人也可以这样活。

晏礼中（前一段时间来我们节目里做客的记者朋友）师兄告诉我，他去一个外国的寺庙玩。那里的师父告诉他："你知道吗？做和尚最紧要的事情就是开心。如果你正在不开心地工作，那你可以不工作，结果不就是开心吗？你要帮助别人，让别人解脱痛苦，但自己却一脸烦恼，这有什么意义呢？"

到这里，我隐隐地体会到南伯子葵和女偊之间对话的精妙之处。

南伯子葵问女偊："怎样才能修道呢？"女偊说："吾犹守而告之，参日而后能外天下；已外天下矣，吾又守之，七日而后能外物；已外物矣，吾又守之，九日而后能外生；已外生矣，而后能朝彻；朝彻，而后能见独；见独，而后能无古今。"

这段话就是说，一个人在长时间孤独寂寞冷的退守之后，能够"见独"——看见孤独，看见独立的那一个我。然后，能够慢慢地发现所谓过去、将来，都只不过是一个时间观念而已。

在采访晏师兄的时候，我问他："你之前还采访过很多和尚，有没有什么特别独特而奇异的事情？"他说，有一天，他认识了一位来自缅甸的和尚。下午，那位和尚跟他们聊天的时候突然说："我怎么闻到一股血腥味？"后来，他们就分开了，各自去吃晚饭。结果，当天晚上，在他们说这句话的餐厅里，很偶然地发生了一场斗殴事件，血流成河。晏师兄说："如果今天再去大理的那家餐厅，你仍然能够看到墙上的血迹。”

后来，那个和尚对晏师兄说：“其实，如果你愿意的话，我可以帮助你看到未来。”晏师兄就说：“真的可以吗？好，试试看。”和尚说：“但是，你一定要明白，**当你真正能看见未来的时候，你的世界观一定会混乱，因为你会发现，很多事情是必然发生的。有一些好人没有好报，有一些人莫名其妙地丢了钱，有一些坏人中了彩票，有一些长得很丑的女人嫁得很好，你觉得不能忍受，还有很多不道德的事情居然也很合理。”**

晏师兄讲到这里的时候，我说：“停，不要再说了。我怕我真的会相信你编的故事。我现在必须声明，我坚决地站在对科学的维护以及对先进世界观的理解上。”晏师兄微微一笑。

实际上，他后来也的确觉得这件事情是否真实并不重要，就当是一个“野狐禅”、一个生命小故事吧。

时间可能是个假象

假如你本来按照播放器的顺序，在电脑上看一部电影，这部电影是由三个独立的小片段组成的。由于播放器的原因，你可以同时在一个电脑屏幕上开三个窗口，你把第一段片段放了，同时打开了第二段本来还没有放到的片段，然后又把第三段片段打开看了。这时候，一段本来应该在你的眼睛和大脑里体现的基于时间而展开的故事，突然变成同时发生了。

假设我们把第一段的主题叫“过去”，第二段的主题叫“当下”，第三段的主题叫“未来”，你就会突然发现，你一直习惯从头看到尾，从第一秒看到最后一秒的时间流动的电影艺术，变成了同时播放的三个故事。

这就是南伯子葵问到女偊的时候，女偊回答的“而后能无古今”——没有过去，没有未来。无寿者相，无时间，无空间，都是在普通的播放器里面呈现而已。有时候，时间可能是一个假象。

之前，我和读者们分享过一部日本电影《明日的我与昨日的你约会》。我把这部电影的情节讲给我儿子听，他居然听懂了。所以，我想可以用这个故事和大家一起来讨论，**什么叫作“古今”，什么叫作“没有时间”**。

这部电影讲了一个这样的故事：一个男孩子在地铁里看到一个女孩子的侧脸，他觉得很美、很熟悉。他从来没有谈过恋爱，但居然鼓起勇气去跟女孩子说“我喜欢你”。女孩子点头，然后故事就展开了。女孩子告诉他：“我常常会哭。”然后，男孩子鼓起勇气说：“我可以牵你的手吗？”女孩子就让他牵了，却又在哭。故事一直演下去，演到一半的时候，慢慢慢慢地谜底揭开了。原来，他们是两个来自平行宇宙空间的人，男孩子的时间和我们一样，是正常活的——今天过完了就是明天，明天过完了就是后天。而女孩子是倒着活的。为什么男孩子第一次跟女孩子牵手的时候，女孩子会哭？因为那是她最后一次跟男孩子牵手。（这两个人大概每五年有三十天会在地球上碰到。）

电影中又增加了另外两个片段，一个片段是男孩子在五岁的时候，女孩子是三十五岁，她把男孩子从水里救了出来。另外一个片段是，女孩子在五岁的时候，她碰到火灾现场，一个三十五岁的叔叔把她救了。后来，这部电影又按照女孩子的时间顺序演了一遍，也就是男孩子倒过来又活了一遍。

电影最大的魅力在于，它可以把时间和空间反复地前后折叠，这就叫“蒙太奇”。通过剪辑，让你站在男孩子的时间序列里面看了一遍，然后又站在女孩子的角度再看了一遍，一模一样的故事情节，你看到的却是完全不一样的东西。你站在女孩子的角度来看，每个新的一天都是过去昨天的那一天。

男孩子说：“你怎么知道我喜欢的红烧肉是加巧克力的？”女孩子一边哭一边笑。因为在女孩子的时间序列里面，她昨天和男孩子去了男孩子的家，并见了他的父母，他的妈妈告诉她："我儿了最喜欢吃的红烧肉是加了巧克力的。"然后，电影又演到男孩子的第二天，女孩子陪着他去了他家，他妈妈告诉她："我儿子最喜欢吃的红烧肉是加了巧克力的。"一个故事正着演和反着演的片段交叉折叠，居然还被剪辑得很有趣。

这部电影让我非常喜欢的原因是，它第一次让我在早已习惯的——从昨天到今天，今天到明天的时间观念里面，通过看电影的方式，看到了有些人倒着活，并且如果以那种倒着活的方式作为正常顺序的话，我们这些正着活的人其实就是在倒着活。如果是这样，还有什么古今呢？

如果一切只不过是场游戏

平行宇宙就像在一个电脑屏幕上同时打开两部视频的窗口。你怎么知道你不是这样呢？如果我们都是一个巨大的VR游戏里面的玩家，从出生的第一天起已经内制了一套全息的VR眼镜，当你知道自己是在玩游戏的话，会产生一种什么样的感觉？

庄子在这里说的是“杀生者不死，生生者不生。其为物，无不将也，无不迎也，无不毁也，无不成也”。你看见一群戴着VR游戏眼镜在玩的人，他们七情上脸，紧张兮兮。一些人正在VR世界里面看着小电影，一些人正在VR游戏里面杀人，而另一些人正在被追杀，他们高潮迭起时的兴奋、贪婪时的面部狰狞、逃亡时的恐惧，在一个旁观者——“已外物矣”“已外天下矣”那里会是什么？

我们看看刚才那段文字，南伯子葵跟女偊说：“怎样才可以做到呢？”女偊告诉他：“你就是要不断地通过觉察发现你可以站在旁边看世界——‘外天下’和‘外物’，你就会产生一种‘杀生者不死，生生者不生’的终极情形。”

其名为撄宁。撄宁也者，撄而后成者也。

“撄宁”的意思就是，**外面的一切生死成毁、变化的扰乱，都不能够扰动心地的安宁。**是在万物生死成毁、成住坏空的过程当中保持宁静的心情，涅槃寂静。

我特别建议大家去一些 VR 游戏场所，默默地做一个不戴 VR 游戏眼镜的人，看着在那里深情投入的人。然后，问自己：“万一我只不过是另外一个游戏层面里面的 player 呢？我如何能够跳脱世外呢？”

如果你正在为和老板的纷争而生气，正在为自己的孩子成绩不给力而生气，正在为老公三过家门而不入生气，正在为同班同学已经戴上两枚五十克拉的钻戒而生气，正在为自己现在还没有吃到小梁说的“溜肥肠”而生气……你要告诉自己，这些都是假的。

所有见地都从疑惑中来

在我看来，南伯子葵与女偊对话的内容是按照庄子的标准写法而作的。我后来从庄子这种写法变化总结出来的标准说法就是“我有一个朋友”。庄子随便起了一个名字叫“南伯子葵”，又起了一个名字叫“女偊”——或者这两个名字是在历史典故里面找到的，然后开始设计对话情节，其实故事背后只有一个人，那就是庄子。

南伯子葵问女偊“子独恶乎闻之？”——“你从哪里学到的道呢？”女偊说：“我是从文字那里学来的，文字是从语言那里学来的。”

接下来的内容是“瞻明”——洞见——inside。“瞻明”又从哪里来的呢？从“聂许”——心里面涌现出来，“聂许”又从“需役”——践行得来，践行又从咏叹歌颂那里得来，也就是说，你的行动又来自韵律——咏叹的歌调。而咏叹歌调是从“玄冥”那里得来，“玄冥”其实指代的是静默——涅槃寂静。“玄冥”又从“参寥”得来，“参寥”就是指空旷。“参寥”又从“疑始”——迷茫开始。

这一段讲的好像是一个族谱的谱系——这个故事从哪里来，女偊的道从哪里来。其实，这就是一个获得知见的过程。我们称之为见地——the view。

你的见地是从哪里来的呢？最开始是从疑惑而来。

当年，我所在的一家小小的互联网公司里面，有一种流传在工程师和产品经理层面的文化，叫作“问题驱动”。也就是说，如果出现了问题，就要往上溯源为什么会出现这个问题，以及如何解决这个问题？将来如果再发生这个问题的时候，怎么解决？能不能让系统自动解决？

这样，每次解决一个问题，整个公司的一个 bug 就被修复了。所以，这家公司来来去去走了很多高管，却一点儿也不影响公司赚钱。

这就是一切胜道都是从问题中来的意义。

整个人生中，我们都不过是一个玩家

最近，你有什么疑问呢？一位太安私塾的同学来找我喝茶，他说："我的问题来了，你怎么能够没有打草稿，就脱口而出、满腹经纶呢？"我说："你刚才跟我聊天，讲了一个多小时你们公司的那点儿事儿，也没打草稿。为什么对着一个话筒你就不可以？如果你在话筒旁边讲的都是你熟悉的事儿，而你在心里依然全然地认为耳机外面的那个人，早就是很熟悉的朋友的时候，你还用打草稿吗？"

这只不过是内心的成见而已，认为对方是陌生人，所以你不知道该怎么说话。一个好的问题，往往会引发一层一层的讨论和思考。

我在思考一个问题——到底地球上的婚姻制度还会持续多久？这是一个宏大的问题。实际上，我是在帮很多朋友问这个问题。

有一天，我一位朋友的老婆跟他说："今天是我们结婚十五周年纪念日，要不要庆祝一下？"我的朋友却说："你见过囚犯为自己入狱而庆贺吗？"这种事情真的非常普遍。

我还有一位朋友，她让老公净身留家，她自己带着全家的财产出户，而她家的财产是一对可爱的儿女。看着他们，我在想，为什么世界上会设计出这些奇怪的制度？以前在我很幼稚的时候，曾经对这样的制度进行过反思。后来，我又想，我凭什么有资格来反思这个制度？

实际上，这是宇宙设计出来的一款游戏。**一切游戏包括《王者荣耀》在内，都是让你在好像快成功的时候，充满焦虑和疑惑，然后反复折腾你，当你最后终于能够练级闯关出局的时候，game over了，这就是人生。**

如果你能理解在这件事情里面自己只不过是一个游戏玩家的时候，你就会充满某种解脱感。还没有开始玩游戏的时候等着玩，玩得很烂的时候，就去学习一些攻略，打通关以后再练级。练级之后，再外挂一些产品，还可以通过买一些装备，来提升自己的能力。

这就是我问自己这个问题以后的结论，我在口头上已经放下了。原来，这件事儿跟你我的烦恼无关。我们只不过是玩游戏的人，丁磊、马化腾等人在设计游戏的时候，就不让你舒服，偶尔让你获得一点儿小成就，但又要折腾你，再让你获得一点儿小成就，然后让你随时担心挂掉之后还要东奔西跑、左躲右藏，最后得以闯关，给你两枚虚拟金币——让你继续玩。

哪怕是一些不能够拿来讨论的问题，比如婚姻制度为什么会存在这类问题，也不妨碍你去探寻那个重要的东西。

很多问题值得我们问

话说回来，上文中“我是从……学来的，……又是从……来的……”的思考，最后的答案都来自疑惑。**疑惑会给你带来困扰，但不要放弃它，它是让你最终走向解脱的初始原因。**所以，现实生活中的所有问题，真切的问题或者像我们问的为什么婚姻制度会存在的这种假问题，只是抛出来讨论一下。实际上，很多问题非常值得我们提问。比如，我为了坚持内心的正义感，和上司顶撞这种事情，算是一个问题吗？这样好吗？

我认识一个朋友，他认为自己坚持真理，不让任何一个他认为不合适的人待在相应的岗位上。为此，他与领导产生了强烈的顶撞，播下了恨的种子。在内心里面，他还充满自己作为公司企业文化的“原教旨主义者”的骄傲和自信。结果，他最不喜欢的那个人活得不错，他想干掉的那个人活得也不错，都挺好的。他折腾了半天，落下了一肚子可乐、可笑、可悲、可泣的事情。这时候，我是否应该为了坚持内在的价值观，而与上司顶撞这个问题，就变成一个很好的机缘——**疑惑是你帮助自己了解真相的开始。**

那么，你的问题是什么呢？我收集了一下身边朋友的问题。我发现很有意思，比较普遍的问题是，房价到底会不会跌？

我有一位朋友跟我说了一个故事，他说他去以色列（以色列是一个以信仰立国的国家，它已经分散了几千年，犹太人就是相信他们一定要有一个这样的国家，最终成立了以色列。）的时候，大家坐下来聊天，他发现没有人谈论房子，大家都在讨论信仰。然后，有人就问他：“Are you from China？ What are you believing？（你来自中国吗？你们相信什么呢？）”我的朋友看看他，说：“共产主义。”

空气中有一丝凉意。然后，他的犹太朋友说："It is interesting(很有趣), anything else？(还有别的吗？)" 我这个朋友还算读过书，他居然想起了"色不异空，空不异色，色即是空，空即是色"。于是，他说："Nothing is everything,everything is nothing." 当时，他就把犹太人震到了。后来，这位犹太朋友就去印度参禅悟道去了。

我这位朋友回来跟我描述这件事情的时候，他说这个世界上的逻辑纯粹是用来帮助人们表达清楚而已。其实，逻辑没什么用，最多让你觉得世界还是温暖的。逻辑产生了一种世界还是温暖的感觉，它不是那么混乱的，不会让你抓狂，所以逻辑是有"暖用"的。

到底"道"从哪里来？从疑惑中来，所以不要放弃生活当中的烦恼和疑惑。从那里开始，一直往上追，中间会经历几个过程，会经历诵读、吟唱、行动等，《庄子》里面就是这样讲的。在这个过程当中，你还要学会沉默，学会歌唱，学会实践，学会感悟，学会朗诵出来，学会将它落成文字，最终再回到没有文字上。

读《庄子》真是一件很有意思的事情，起码可以让你知道原来自己一直都那么无知。就像我，我不读《庄子》的话，都不知道自己那么没文化。

不是你可不可以修整自己，
而是你为什么总是对自己的身体不满意
——这个情绪才是真正的问题。

第十二章

一切问题，都来自内在对自己的不认同

原典

子祀、子舆、子犁、子来四人相与语曰：『孰能以无为首，以生为脊，以死为尻；孰知死生存亡之一体者，吾与之友矣！』四人相视而笑，莫逆于心，遂相与为友。俄而子舆有病，子祀往问之。曰：『伟哉，夫造物者将以予为此拘拘也。』曲偻发背，上有五管，颐隐于齐，肩高于顶，句赘指天。阴阳之气有沴，其心闲而无事，跰𨇤而鉴于井，曰：『嗟呼！夫造物者又将以予为此拘拘也。』

子祀曰：『女恶之乎？』

曰：『亡，予何恶！浸假而化予之左臂以为鸡，予因以求时夜；浸假而化予之右臂以为弹，予因以求鸮炙；浸假而化予之尻以为轮，以神为马，予因以乘之，岂更驾哉！且夫得者，时也；失者，顺也。安时而处顺，哀乐不能入也，此古之所谓县解也。而不能自解者，物有结之。且夫物不胜天久矣，吾又何恶焉！』

俄而子来有病，喘喘然将死。其妻子环而泣之。子犁往问之，曰：『叱！避！无怛化！』倚其户与之语曰：『伟哉造化！又将奚以汝为？将奚以汝适？以汝为鼠肝乎？以汝为虫臂乎？』

子来曰：『父母于子，东西南北，唯命之从。阴阳于人，不翅于父母。彼近吾死而我不听，我则悍矣，彼何罪焉？夫大块载我以形，劳我以生，佚我以老，息我以死。故善吾生者，乃所以善吾死也。今大冶铸金，金踊跃曰：「我且必为镆铘！」大冶必以为不祥之金。今一犯人之形而曰：「人耳！人耳！」夫造化者必以为不祥之人。今一以天地为大炉，以造化为大冶，恶乎往而不可哉！』成然寐，蘧然觉。

“有尻用啊”到底是什么用

子祀、子舆、子犁和子来是四个神仙级的人物，他们四兄弟是子字辈，就像我们家的可字辈一样——可仁、可智、可信、可义、可礼。

子祀、子舆、子犁、子来四人相与语曰：“孰能以无为首，以生为脊，以死为尻；孰知死生存亡之一体者，吾与之友矣！”

这就是说，子祀、子舆、子犁、子来四人一起讨论：谁能够把虚无作为开始，把生存当作脊梁，把死当作尾椎骨。

“孰知死生存亡之一体者，吾与之友矣！”**——把生和死当作一件事情，将其看作是一个环，只是看得见和看不见的区别，就像月球有亮的一面，也有暗的一面，地球有太阳照到的一面是白天，照不到的一面是夜晚，但它都是一体的。如果有人真的能够把这些东西弄清楚的话，我们就和他做朋友了。**

我要分享的一个字——“尻（读 kao，指尾椎骨、屁股）”。如果你在广东的话，你一定要知道“有尻用啊”的“尻”就是这个字。以前，我以为这是一句脏话，后来才知道是自己没文化。“尻”，就是指尾椎骨或屁股。脊柱最后总会止于尾椎骨，但你要知道，尾椎骨表面上是没有往下延伸了，但它并没有消失，只是退化了而已。

一个人在母体里面的时候，是有尾巴的。我们每个人从受精卵慢慢发育，在母亲十月怀胎的过程当中，经历了人类进化的全过程——开始是没有脊柱的，后来有了脊柱，再长出尾巴。然后尾巴掉了，最后变成一个婴儿，但身上像猴子一样长着毛，毛褪掉之后才会出生。

有些人出生的时候，身上的毛没有褪完，跟小猴子一样。有些父母就把孩子身上的毛悄悄地剪下来，烘干以后，再混合孩子的头发，做成毛笔送给孩子作为纪念，这就是胎毛笔的由来。如果再早一点儿出生的话，尾椎骨后面会留着一段像猴子尾巴一样的东西。

庄子说，尾椎骨很神奇——“以生为脊，以死为尻”。在我们活着的时候，后面那一段“尾巴”好像消失了，其实并没有。

假如你有机会再以一个新的DNA方式活到另外一个身体里面，你就会发现其中的奥秘。比如，一个新生儿出生的时候，他的DNA信息是有“尾巴”的，只不过在他出生的时候，就消失、退化了，但它一直在身体的DNA密码里面。出生的时候，叫“尻”的尾椎骨一直都在，它本来就是你生命的一部分，就好像生是白天，死是夜晚一样。

明明可以做实力派，为什么非要追求做偶像派不可

子祀、子舆、子犁、子来四个人都说：“谁真的能够理解死生本就属于一体的意义，我们就跟他真的是好朋友了。”说完，四个人“相视而笑，莫逆于心”。

有一次，子舆的身体出现了状况，他说：“伟大的天地呀，把我的身体拘束成这样。”子舆的身体佝偻着，背上长了五个疮孔，头顶冒烟，脚底流脓，脸和肚脐并排在一起，肩膀高过头顶（这个描述在之前《德充符》里面讲过），长得丑丑的，头顶上的发际朝着天，阴阳二气混乱，但子舆还是很开心，闲着跟没事儿人一样。

然后，他走到井口边，照着自己的影子说："唉，天地的主宰，令我的形体这般拘束啊。"这时候，他的好朋友子祀就问他："对于自己长成这么奇怪的样子你有恨吗？"子舆回答："不，我哪里有恨！假如我左面的膀子变成一只鸡，我就让它替我报晓；假如我右面的膀子变成弹丸，我就用它去打鸟，然后把鸟烤了吃；假如把我的尾椎骨变成车轮，我就把我的精神变为马，我就可以乘坐它出游，何必再到外面去买部车呢！"后面，他又讲了一堆东西，其实是对《德充符》强化版的诉求。

你为什么要恨自己的样子呢？有些人觉得自己太瘦，有些人觉得自己太胖，有些人觉得自己太高，有些人觉得自己太矮，有些人觉得自己的腿太粗，有些人觉得自己的腰太粗，反正越好看的人越觉得自己有问题——所有觉得自己有问题、身材不好的人，都是长得还可以的。

什么时候社会被长得跟别人一样漂亮这个想法所绑架？这是我们这个时代很奇怪的一种气象。**人类可能从来没有一个时代**（也许在魏晋时期有过）**像现在这样，每个**

人都如此强烈地觉得颜值担当才是最重要的。明明可以做实力派，非要追求做偶像派不可。

这件事情，就是庄子在这一段里面讨论的一个小小的问题。你是怎样看待自己的身体呢？你应该如何面对自己的身体长出来的各种奇怪的东西呢？

当年，清军入关的时候，要求男人把头顶的头发剃掉一半，并留一条长辫子。很多人打死不从，留头不留发。过了几百年以后，要求把辫子剪掉的时候，这些人又痛苦了——辫子怎么能剪呢？剪了辫子多难看，成何体统？

其实，那只不过是一个惯性。**惯性无所不在，你习惯这样了，你就觉得应该这样。**

我们都活在成见中

很多妈妈带着儿子去剪头发，剪得挺帅的，结果小孩子却哭得很厉害。妈妈就说："你不懂，这是很好看的、现在很流行的吴彦祖发型。"但是，小朋友不会这样看，他只会看自己的发型是不是跟小伙伴们的差不多。

小时候在攀枝花，我的奶奶和婶婶寄来了一些牛仔裤和设计蛮独特的皮鞋。我妈就觉得这是很贵的，从沿海开放城市广州寄来的好东西，让我穿上。而我就觉得穿着这些衣物回到学校会被同学们嘲笑，会很痛苦。那时候，我和我妈之间就形成很强烈的冲突，我坚决不穿。我妈说："这是浪费，别人都是捡哥哥姐姐穿烂的衣服穿，有新的，你还不穿？”对我来说，我要是穿了，就跟别人不一样。

其实，我们都活在成见当中。母亲活在不能浪费，这代表海派、时髦，穿上这些以后我的儿子便显得很洋气的成见当中。而我活在另外一个成见里面——我穿出去的话就跟别人不一样，会被别人嘲笑。实际上，这些都是很痛苦的。

每天早上，我儿子都会和他妈为穿什么衣服、穿什么鞋、穿什么球袜争吵一次。有一天，我实在受不了了，说:“你就让他穿成他想穿成的样子又怎么样呢？”她说:“那件衣服已经穿一个礼拜了。”穿一个礼拜怎么了？在万恶的旧社会，很多人一件衣服穿一辈子。就连在我读大学的时候，牛仔裤都能穿四个学期，却从来没洗过。那条牛仔裤能够立着竖在那里，远远地仿佛看见一个没有身体的人，走近了才发现就是一条裤子。但是，你为什么要活在“一件衣服穿了一段时间一定要换新的”这样的成见里面？小孩子再脏也不会脏到哪里去，无非就是一些泥而已。

在我们人生惯有的认知里，**我们对于自己身体应该**

是什么样子，其实活在了两个成见当中。第一，我觉得应该是什么样。第二，大家觉得应该是什么样。

而这个时代，在任何一个地方，都出现了一种很奇怪的现象，就是我们的样子被大众传媒绑架了。我们活在电梯广告里面削过脸颊、去过眼袋、隆过鼻、隆过胸的人的标准里了。很多正派的女青年，非要把自己改成锥子脸不可。为什么呢？原来的标配都是大脸盘子，为什么现在她们觉得锥子脸就好看呢？

你长成什么样子，只是天生天养的一部分，后天可以对自己的身体改造，可以刷牙洗脸，甚至可以做整形手术，如果你喜欢的话。但是，最糟糕的情况是，做完以后你仍然对自己不满意。

总之，**不是你可不可以修整自己，而是你为什么总是对自己的身体不满意——这个情绪才是真正的问题。**

在这节里，**庄子用子舆和子祀的对话去讲你怎么看待自己的身体这件事情，怎么看都可以，问题是不要长期否定它。**

对父母不孝，本质就是不认同“自己”

我常常跟很多朋友说，那些真正不孝的人，为什么都没有好的命运结果？其实很简单，**你对父母不孝，本质就是不认同他们，而我们每个人身体里面住着自己的父母，推论下来就是不认同身体里面的“我”，所以总是活在扭曲和拧巴里面，所以身体不会好，命运不会好。**

古代的时候，人们都说如果一个人是孝子，他会很有福报。你不能用九九乘法口诀的方式直接用“孝子得到福报”来理解这件事情，你要理解它背后的机理。

孝的本质是通过对父母的爱，来完成对自己的爱。

一个爱自己的人，才会是一个舒服的人。一个舒服的人，才是顺的人，别人才会感觉到。每个人都愿意跟内心比较健全，不那么拧巴的人在一起，所以，人家愿意和你玩儿，朋友圈多了之后，发达的机会就会多。出现问题之后，朋友帮你解决问题的可能性就比较大。所以，一切问题，都来自内在对自己的不认同——这才是本篇文章想跟我们讲的最重要的话题。

你为什么不认同自己？你可以P图、化妆、整形，但你不可以长期不认同自己。这是关乎到你这一辈子的健康、幸福，以及你的朋友圈人气很重要的因素。一个真正认同自己的人，是可以安然入睡的。

接受“失去”，积极地拥抱“失去”

子舆病了——头顶流脓，脚底生疮，样子也变成“歪瓜裂枣”，完全没法弄了。于是，子祀问子舆：“身体都变这样了，你心里有恨吗？”子舆说：“就当我是一个超级玩家吧，如果突然左肩膀长成一只鸡，我就让它来打鸣；如果右肩膀长成弹丸，我就用它来打鸟，然后把鸟烤了吃。”

子舆在回答子祀的问题时，他说了一段话：“且夫得者，时也；失者，顺也。安时而处顺，哀乐不能入也，此古之所谓县解也。而不能自解者，物有结之。且夫物不胜天久矣，吾又何恶焉！”

这段话的意思就是，**上苍让你得到这一切是有时间的。年轻的时候别嫌自己胖，婴儿肥也是你得到的脂肪，**“时也”**——是生命的时间给你的，等你老了再想要那点儿脂肪也没有了。**

“失者，顺也”**——失去的时候只能接受。**

前几年，国外流行做DNA检测，现在，这股风也吹到了中国。当年，国际影星安吉丽娜·朱莉测完以后，发现自己的DNA里面患乳腺癌的概率很高，就把自己的乳房给切除了。她不是患了乳腺癌才去动手术切除乳房的，而是主动失去。也就是说，她用自己相信的科学去顺应未来的可能。至于这样做对不对，好不好，我们不予评论。我们只能说，她对失去是接受的，而且是积极地拥抱失去。

“安时而处顺”——对于得到的东西可以安然地接受。对于失去的接受也应该保持一种自在的状态。

“哀乐不能入也”——欢乐和悲伤的情绪不能够渗透到你的意识版本。

关于这两句话，南怀瑾老师讲过：“活着的时候，把握现在，现在就是价值，要回去的时候，很自然地回去了；所以一切环境的变化，身心的变化都没有关系，那是自然本来的变化……所有喜怒哀乐没有什么，情绪都不动；情绪不动不是灰心喔！是自然就空了。有什么可喜欢的！当然不是叫你不喜欢，你高兴笑就笑一下，笑完了也算了，要哭就哭一场，哭完了也算了，‘哀乐不入于心’。他说这个道理最难懂了，这就是道。”

人生就像一个沙漏

“此古之所谓县解也”——关于“县解”这件事情，爱新觉罗·毓鋆老师认为，这是解放倒悬的束缚。

你去餐厅时看到过沙漏吗？一些为了追求效率的餐厅都会告诉你，在沙漏里面的沙子漏完之前，他们会把菜上齐，否则顾客可以投诉。每次看见那个沙漏，我都会有一种暗暗的忧伤，感叹我们的人生啊。

在娘胎里的时候，我们的头是朝下的，出生以后头就朝上了。如果你把头朝下，就是作为本来的状态。现在，你的头一朝上，就跟漏斗翻过来是一样的，这叫“倒”。头一朝上，脚一朝下，一个沙漏就开始计时了。

实际上，我们身体里面的气就像沙漏里面的沙子一样，会越来越少。用一种无论是理科生还是文科生都能够接受的方式来说明，这就是身体的机能开始了一种自我保护的机制。

当一个人的内在循环不够好，或者血液里面各种能量不足的时候，身体机能往往会率先放弃远端。所以，一个人总是从脚开始衰老。看一个人脚上出现了各种状况，就说明他的身体已经开始启动衰老程序了。

徐文兵老师在《黄帝内经说什么》里面讲过，我们身体里面的气只有满的时候脚底才有气。小孩子的气很足，就和装满气的煤气罐一样，里面的气是往上飘的。他们脚底有气，所以就喜欢跑。在商场里面，我们可以看到自动扶梯正在往下走，小孩子却喜欢往上爬。他们完全在做无用功，只是因为脚底有气。小孩子都喜欢跑，跑着跑着就不喜欢跑了，他就喜欢走了；走着走着就不喜欢走了，他就喜欢坐了；坐着坐着就不喜欢坐了，他就喜欢半躺了；躺着躺着，他就平躺了。这股气是倒退着走的，越来越少，最后只能用来支持心脏和大脑的运作。这个时候，离心脏和大脑最远的手指、脚趾、膝盖甚至腰的气血就不足了。这就是一个倒悬的状况。

这很像一个煤气罐，它头朝下、尾朝上的时候是处于未开封状态。所以，人一出生，头朝上、脚朝下算是启动，然后气就开始损耗，被损耗掉的地方，就开始出现各种问题。最后，所有的气也就到了嗓子眼那一点儿，然后心脏停止。如果脑没有停止的话，心脏停止还没有关系，现代科学技术会利用电压器嘭嘭嘭地电击几下，心脏就会蹦回来。但是，如果脑死亡，就比较接近真正的死亡了。所以，它是一层一层地，从下往上倒退着。如果以头为下、脚为上的顺序的话，这就是从上往下，于是这个情况在《庄子》那里叫“解放倒悬的束缚”——县解。

你又多过了一天？还是没有过的生活又少了一天

我们如何能够跳脱这个倒过来的沙漏所形成的生命？而这必然是一个耗散的过程，如何跳脱它对我们的束缚呢？子舆和子祀讲的就是“安时而处顺，哀乐不能入也，此古之所谓县解也”。

小时候，我们背诵过北宋文学家范仲淹的《岳阳楼记》中的“不以物喜，不以己悲”，就是回应了以上内容。

人生可以从加法来看，你又多过了一天；也可以从

减法来看，你还没有过的生活又少了一天，完全是看你从哪一边看而已。

比如，我解读《庄子》总共要讲二百八十期，到现在，如果顺着来看的话，小梁居然讲了一百五十期。但是，从整个节目来看的话，还有一百三十多期，我们就要跟各位说拜拜了。

当从加法的角度来看这个节目的时候，我充满了欢喜，因为又多做了一期。当从减法的角度来看这个节目的时候，我还是有一点儿哀伤的，因为距离做完又少了一期。

我每次在太安私塾的前几期课都很高兴，因为可以和大家一起开始学习，而且他们每个月都拎着腊肉、香肠和茅台酒来看我。但是，到最后一两期课程的时候，我就会开始生出一种哀伤的情绪。这三年来，每位同学的离去，都带走了我的一段生命。因为我知道在最后一两期的时候，那种哀伤就会来临。

其实，如果我们站在距离全部讲完《梁冬说庄子》

的角度来看，我们可以开始进入所谓的倒计时了。当我们用这样一种世界观去看世界的时候，就会非常珍惜每一期，而不是想着赶紧多做一期。难道不是这样吗？明年还能讲《庄子》吗？我想因缘和合，时空转变，让你做的时候你高兴，明年做不做得了，只是顺从就可以了。

一想到我只有一百三十期，也就是一百三十个夜晚可以和大家分享学习《庄子》的心得，我就开始变得小心而谨慎起来。这一百三十多期节目，我应该跟大家分享一些什么内容呢？

如果以这种倒过来看的世界观，去看待我们和自己孩子相处的时间，就会发现更加意想不到的事情。这个孩子大概再过几年，就会有女朋友了；再过几年，就会去外地读书了；再过几年，就要结婚了……有儿子的父母还好过一点儿，我看到过好几个父母在女儿出嫁的时候，他们哭得哽咽啊！

各位年轻的父母，如果你们有女儿的话，可以倒推一下，假如你女儿三十五岁嫁出去的话，距离现在还有多少天？你要珍惜哟。不要觉得三十五岁还早，现在女儿才五岁或者十岁。但是，三十年算下来也就是一万多天而已。想着一万多天以后，你的女儿就要嫁给一个不知道哪里来的笨蛋，难道还不值得现在就赶紧走到女儿的床边轻轻地吻一下她吗？

我一想到我儿子只需要再过几千天就要面临高考，我就开始紧张。对一个小学一年级学生的父亲来说，他已经在想当孩子面对高考的时候该怎么办。关键是，晚上别玩得太累，要睡个好觉。我争取在他高考之前，研制出一套高效智慧上传机，让他从现在到高二都不需要认真学习。等到高三那年，把所有知识全部上传上去，就可以直接考美国斯坦福大学，用英语给外国人讲《道德经》《庄子》……一想到几千天以后，我儿子是这样的，我就好过多了。

此为“县解”。

不要惊动即将变化的人

从庄子的口里，我们可以得知子祀、子舆、子犁和子来是好友，四个人的故事是关于生老病死的。曾经，有位朋友说，其实人生在世，除了生老病死，其他什么事儿都不是事儿，想想也是。所以，庄子把他们四个人设计在这样的情景当中。

有一次，子来生病了，喘气急促，看样子快不行了。他的妻子和儿女都为他啼哭。子犁去探望他，并对子来的家属说："各位一边儿去，不要惊动即将变化的人。"——他认为子来正处在生命变化的一个关键口上。佛家也常常说，在亲人要离去之前，不要哭泣，不要惊动他，让他的灵魂能够以一种安详的状态离开。

原来，道家也是这样认为的。

子犁靠着门对子来说：“好伟大的造化呀！你又要被幻化成什么样的东西呢？他们要把你送到哪儿去呢？你会重新经过分子、原子的组合，成为一个老鼠的肝吗？你会幻化成一个小虫子的臂膀吗？”

天地间构成所有事物的，无非是物质、能量和信息。最基础的物质可以小到夸克，最基本的能量单元可以是焦耳，最基本的信息单元可以是比特。总之，世间万物都是由最基本的物质、能量和信息以不同的方式组合而来。

子犁就在观察他的好朋友，怎样从人分解以后，是不是要重新以一种新的方式，组合成老鼠的肝，或小虫子的左膀右臂。

当时，子来在床头上气不接下气，看样子快不行了，然后他就和来探望他的好朋友子犁分享此时此刻的感受。

子来说：“儿子对于父母，无论东西南北都要听从吩咐。自然就像人的父母一样，如果自然需要我子来走的话，那也是很正常的。它给了我形体，用‘生’这件事情启动了我的一个游戏程序，让我年轻的时候勤劳工作，又启动了一个老年程序让我清闲，然后再用一个over程序让我安息。假如现在有一位铁匠正在打造一个金属的器物，比如打造一个铁裤衩，结果那个铁裤衩突然从炉子里跳出来说：‘不，我不要被打造成一个铁裤衩，我要被打造成一把莫邪宝剑。’你觉得铁匠会怎么看这个铁裤衩？铁匠一定认为，这个铁裤衩疯了吧，妖孽吧，让你做铁裤衩，自然有铁裤衩的用处。”

总之，那个非要做宝剑不可的铁裤衩，一定会被铁匠认为是不祥之物。对于一个铁器来说，它的造物主——铁匠，可以把它扔出去再重新熔化。如果你是一个铁匠，你也会这样想吧：你不想做铁裤衩，我就把你做成一个铁茅坑……

现在，我们有机会被造物主在这段游戏当中弄成了一个人。如果我们在面对变化的时候坚持说："不，我现在不，我还要做人，我不要去做这个或那个。"这在造物主眼中，不是太可笑了吗？

"我们可以把天地当作熔炉，把造化看作铁匠，又有何不可以呢？"子来说完这番话，"成然寐，蘧然觉"——舒舒服服且心满意足地入睡了，一会儿又自在地醒来了。

关于这段，爱新觉罗·毓鋆老师的注解是"寤寐自若不以死生累心"。快死之前，仍然不以"生死"让自己焦虑，想睡就睡，想醒就醒。或者在没死之前，该醒来就醒来。这段故事会不会让人觉得有一点儿凄美？

是否可以按照自己的意愿，去成为自己想成为的人

前段时间在喜马拉雅 FM 的一场关于“孤独”的发布会上，喜马拉雅 FM 的总裁余建军讲到他的一次关于“孤独”的体验。他家里的一位长者去世了，他在夜里开着车，披星戴月，赶回老家，外面大雨滂沱，车里的他也哭成泪人。平常聊天的时候，我觉得老余是一个永远都很勤奋工作的理工男。但是，那天他在讲这个故事的时候，我也很感慨。

这让我想起佛陀的父亲就是怕让佛陀看见生老病死，所以制造了一个全新的、祥和愉快的环境。但是，

佛陀仍然在不经意间，看到了人世间的生离死别和各种病痛，突然生起了一种想要理解生死的心。

当你突然开始意识到“生死”这个问题的时候，就开始思考自己为什么存在于世界上。我隐隐地觉得，一个新的时代正在来临。对于中国来说，会有越来越多的人需要去思考过往大部分时候不怎么思考的问题。

当一个社会慢慢变得成熟，越发老龄化时，当一个社会基本的穿衣吃饭问题解决以后，人们自然会重新思考这些最朴素的问题——我是否可以按照自己的意愿，去成为自己想成为的人，甚至我可以控制自己的生死。

尤其是，当今科学技术那么发达。据我所知，一些科技达人对未来充满信心，相信大概再坚持十五到二十五年，人类就有可能自己掌握自己的命运。比如，可以通过上传和下载自己的灵魂版本，得以永生，或者通过某类基本检测技术、生物技术，让自己长生久视。但是，也有另外一些人，他们可能永远都没有办法真正掌握自己的生命。那么，他们能够想象自己是被造物主设计成的人吗？

到底应该如何处理业力和愿力

有一次，我问宗萨蒋扬钦哲仁波切：“我们到底该如何处理业力和愿力？我们应该通过自己心智模式的改变和后天的努力，甚至改变自己的意识模式来改变自己的命运，还是遵从造化的原则，按游戏规则玩，好好地玩？”

宗萨蒋扬钦哲仁波切给我打了一个很好的比方，他说：“**人生就跟打牌是一样的。一个人抓到一手牌，这手牌是没的变的，但你仍然可以通过有些时候虚张声势、有些时候沉静观察，来把牌打好。如果摸到一把实在很烂的牌，可能还是会输，不过你会输得比较不那么**

难看。如果摸到一把很好的牌，闭着眼睛打也能赢，但你不认真打的话，也会以很奇怪的方式输。”

我觉得这个比方特别好——不管牌好牌烂，你都要很认真地、尽可能地打好。这中间有一个概率问题，如果你不努力的话，无论牌好牌烂，你都可能打烂。也就是说，摸了一把牌之后，无论牌好牌烂，你努力了可能会输，但你不努力一定会输，而且输得很难看。

我觉得大致就是这样，也不用去抱怨牌的好坏，如果不是因为作弊的话，每个人都有机会摸到好牌。没有人只会摸烂牌。但是，我觉得有时候还是很奇怪的，在打牌的时候，那个角落当天的风水就是差，换另外一个人坐那儿，他也打得很烂。看来还是有位置这件事情，实在没法考量清楚。但是，这个关于打牌的故事，还是给了我们很多启示。

我自己不会打别的牌，由于智商很有限，只会打一种叫“锄大地”的扑克牌。这种牌过了八张以后就乘以二的倍数，过了十张以后就乘以三的倍数。如果有五个积分点，那杠杆就是十几倍了。所以，**最重要的不是**

赢，而是不要输得太狠。只要每次你都能保证牌的张数在八张以下，能赢的时候就赢，不能赢就赶紧跑。把牌的张数保证在八张以下——不要输得太多。一晚上下来，只要你没有出过很大的错误，没有被人将牌数超过八张以上，加过杠杆的数的话，整个算下来，赢的概率还是很大的。

怎么从子来讲到这里了呢？好像在《庄子》的故事里面，子来是无所谓的。有时候，我也在想，既然是小梁的读书笔记，就要结合实践，去真正看在现实生活中原来自己是一个什么样的人。

从这一点上来说，我受巴菲特的影响更大。巴菲特曾说，投资要做到第一点是不亏钱，第二点是不亏钱，第三点是记住前面两点。宁可不赚钱，只要你每次都不是亏很多，或者尽快止损，其实就不会太差。这也是发一手牌，这也是你的业力，如何保守地打，那是你的愿力和策略的问题了。

读《庄子》不一定要成为庄子，读任何书都只是让你更清楚地看到自己而已。

大宗师

我们为什么总是感觉一些人很洒脱，
他们总是深深地吸引你，
他们无求于你，你却永远对他们着迷。
我想，可能只有一个原因
——他们不受习惯的游戏规则的束缚。

第十三章

自己没有灵魂，怎么会有灵魂伴侣

原典

子桑户、孟子反、子琴张三人相与友，曰：『孰能相与于无相与，相为于无相为？孰能登天游雾，挠挑无极，相忘以生，无所终穷？』三人相视而笑，莫逆于心。遂相与为友。

莫然有间，而子桑户死，未葬。孔子闻之，使子贡往侍事焉，或编曲，或鼓琴，相和而歌曰：『嗟来桑户乎！嗟来桑户乎！而已反其真，而我犹为人猗！』子贡趋而进曰：『敢问临尸而歌，礼乎？』

二人相视而笑曰：『是恶知礼意！』

子贡反，以告孔子曰：『彼何人者邪？修行无有，而外其形骸，临尸而歌，颜色不变，无以命之。彼何人者邪？』

孔子曰：『彼游方之外者也，而丘游方之内者也。外内不相及，而丘使女往吊之，丘则陋矣！彼方且与造物者为人，而游乎天地之一气。彼以生为附赘县疣，以死为决疣溃痈。夫若然者，又恶知死生先后之所在！假于异物，托于同体；忘其肝胆，遗其耳目；反复终始，不知端倪；芒然彷徨乎尘垢之外，逍遥乎无为之业。彼又恶能愦愦然为世俗之礼，以观众人之耳目哉！』

子贡曰：『然则夫子何方之依？』

孔子曰：『丘，天之戮民也。虽然，吾与汝共之。』

子贡曰：『敢问其方？』

孔子曰：『鱼相造乎水，人相造乎道。相造乎水者，穿池而养给；相造乎道者，无事而生定。故曰：鱼相忘乎江湖，人相忘乎道术。』

子贡曰：『敢问畸人。』

曰：『畸人者，畸于人而侔于天。故曰：天之小人，人之君子；人之君子，天之小人也。』

一个人想要什么，只能说明他稀缺什么

在《大宗师》的前半段，庄子讲了“何为真人”，后半段讲了“何为真人的朋友圈”。一个真人，就是一块“腊肉”；四个真人，就是一个卤味拼盘。不知你有没有吃过潮州的卤味拼盘——鹅头、鹅蛋、鹅肠、鹅掌等，都是很好吃的东西，被放在一个盘子里后，产生了一种一加一加一再加一远大于四的效果。因为它们彼此之间和合而生了新的能量和生命。对于一盘卤水鹅来说尚且如此，更何况几个真人的聚合。

小梁认为，我们都各自把性格里面那一个追求自在的版本单拎出来，聚合而成。当然，这是一个超高版本的生命共同体。不管你在日常生活中，是否在单位里拍领导马屁，是否在菜市场和农妇讲猪蹄髈能不能打折，是否在朋友圈里和别人暗自比较女儿弹钢琴的水平……那也是真实的你。但是，这些远远不够，还需要你在另外一个圈子里把自己性格里最美好、被放大的版本拿出来，与同党相聚。

在《大宗师》中，讲到了子来、子犁等人的故事。后来，庄子觉得不过瘾，他又列举了三个人——子桑户、孟子反和子琴张，他们三个人结成了联盟。

读这些故事的时候，我突然有一丝辛酸，庄子可能在他的现实生活中没有朋友。因为**一个人在书里写什么，大致代表他想要什么；一个人想要什么，大致只能说明他没有什么。所以，读书的乐趣来自，你一边在看文字，一边在想写字人的种种。**

真朋友总是“相视而笑，莫逆于心”

这一天，庄子又在自己的VR脑补世界里面创造了三个“基本的好友”——子桑户、孟子反和子琴张。为什么说他们是基本的好友呢？因为他们在基本的人生观上达到了高度的一致。

三人相与友，曰：“孰能相与于无相与，相为于无相为？孰能登天游雾，挠挑无极，相忘以生，无所终穷？”（大概就是他们的联盟宣言）三人相视而笑，莫逆于心。遂相与为友。莫然有间，而子桑户死，未葬。孔子闻之，使子贡往侍事焉。

什么意思呢？这三个在基本观念上一致的朋友说：

“谁能够有关系，但不粘连；谁能够相互帮忙，但自己觉得没做什么事；谁能够登大游雾，超然万物之外？”

现在，只要大家买同一个航班，都能够做到登天游雾，而这在以前只能靠精神脑补才能完成。一些道家修行的朋友说，这也许是个秘密，说不定古代的道人，真有飞天遁地之术，能够修炼到飞上天去。总是有很多道家朋友告诉我，他们师父的师父如何厉害。我让他们展示一下，却没有一个能展示出特异功能。

看来，脑补的成分比较大，但这不重要，就算把自己修炼成一个有喷火诀的人，也不过是一个人肉打火机而已，没什么意思。现实生活中，有很多化学物理方法，瞬间就可以让你把火喷出来。

关键是能不能够一起“*相忘以生，无所终穷*”——大家都忘记所谓生、死、开始和结束。而这三个人都互相认为对方可以做到。于是，他们相视而笑。

人生最需要做“减法”

我和老吴在录乔布斯的“苹果禅”时，讲到铃木俊隆先生（日本曹洞宗的禅师）的一些禅宗教义对苹果公司的影响时，可以总结出来十二条内容。当时，我与老吴相视一笑，说：“如果只用一个字来讲，这个字是什么？”

我们同时想到的就是减法的“减”。当两个没有物理连接的人，仅仅因为念头而产生共鸣，同时说出一个字，还是会有因为共鸣而带来的精神高潮。我相信，这三个人在某个时点上是high的，具有精神高潮，产生了共鸣，至于是不是真的能够飞天遁地，这已经不那么重要了。

于是，问题就来了。你旁边有这样的朋友吗？你想喝可乐的时候，他突然找到一款小瓶装的可乐，可以让你喝一瓶但没有太多；当你想抽烟的时候，他突然掏出火机，而且连随身携带的烟灰缸都拿出来了；当你突然想喝茶的时候，这个人说“口好渴呀”，正好他带了一罐用樱桃木烤出来的金骏眉——金骏眉里面有一股淡淡的樱桃木香味。然后，大家席地而坐，用西山之巅的矿泉水烧沸后缓缓冲泡。如果你有这样的朋友，你一定觉得挺高兴的。朋友是一起花钱的人，而且还是在一个品位上花钱，这很难得。现代人坐下来，就一味地谈论BP，一起去赚钱，那都是狗友干的事——狐狸和狗一起出去打猎，一起分享赃物。不过，还是要有一些狐朋，不能全是狗友。

如果创业仅仅是为了赚钱，凶多吉少

我听说过一家很有趣的美国公司，老板跟他的员工说："如果你现在马上决定辞职的话，告诉我，我立刻给你三千块（美元）。"在合适的时候，小梁也可以跟同事说："如果你觉得不乐意，随时辞职，都有三千块人民币额外附上。"为什么这样呢？如果一个人仅仅因为三千块钱就准备撤了，我觉得他还是尽早走吧，事不宜迟。

很多年前，我接触过一个团队的年轻人，他们准备从一家公司离职，然后出来创业。当时，他们来问我的看法。我说："如果今天你们突然中了彩票，一个人拿到一百万，你们还创业吗？还做这件事情吗？”其中的一个人沉默了。我说：“我可以明确告诉你们，北京的房价一定会涨。如果你们一个人拿了五十万不去买房子却去创业，而那笔钱本来可以交房子的首付，结果创业不成功，全都亏掉了，你们还想创业吗？”三个人都沉默了。我说：“你们别想了，还是各自去打工吧。”这就是差别。

如果创业是为了赚钱，或者仅仅是为了赚钱，必死无疑，凶多吉少。这是一个很有意思的心法，因为他们在一起做事情，如果不是做点儿在价值观上公认有意义的事情，就不要做了。

最可怕的是，很多人根本没有价值观。你跟一个没有价值观的人一起创业，就和你与从来没有吃过好火锅的人讨论去哪里吃饭一样，都是徒劳的。因为他会对你说：“在美团上叫田老师红烧肉或者黄焖鸡米饭的外卖就好了。”我劝你还是不要找他去吃饭，他会败坏你们吃饭的乐趣。

真人如何活

实际上，我讲的就是庄子口中的真人，除了单机版的真人，还有联机版的真人。联机版的真人，相互之间能够在价值观和趣味上达到默契，形成莫逆之交，那种乐趣是升级版的真人感。从本质上来说，《大宗师》就是一个讲“真人是如何活”的命题。

我曾提过一个宗萨蒋扬钦哲仁波切提出过的问题。有一次，他在尼泊尔跟我们分享的时候讲到，大家都知道《心经》的内容是由舍利子问观世音菩萨问题构成的。大家都不知道，当时舍利子问观世音菩萨，问的是什么问题。

当时，舍利子问的问题就是《大宗师》讨论的问题："请问，我们天天都在讲空相、得道，那些得到空相、得道的人到底是怎么活的呢？"把他问的问题变换成当今的社会场景就是，假如，一个模特儿在走猫步，一个屠夫在宰牛，一个厨子在做菜，但他们得道了。那么，他们是以什么方式在走猫步，以什么方式在宰牛，以什么方式在做菜呢？其实，他问的是得道的人在日常生活中是什么样的情形。

《大宗师》就是这样讲故事的，讲天地太大了，只能告诉你宇宙的真理无法用语言形容，我们只能用隐约感受到天地真理的人的日常做派来间接描述真理。

我们日常看到的《心经》版本里面没有这句话，只有"观自在菩萨，行深般若波罗蜜多时，照见五蕴皆空，度一切苦厄。舍利子，色不异空，空不异色，色即是空，空即是色，受想行识，亦复如是。舍利子，是诸法空相。"

但是，观世音菩萨怎么会讲这段话呢？一定是因为有人向他提问。庄子用这个方法来告诉我们，真人有单机版，还有联机版。

生命没有意义，只有行走，只是过程

之前，已经讲了四个人的故事；现在，又讲了子桑户、孟子反和子琴张的故事，并把这三个人引入一个极致的时空状态里面——子桑户死了。三个好“基友”其中一人死了，但没有下葬。大V孔子听到了，就命令他最得意的学生子贡前去，看看有什么可以帮忙的。（在古代的时候，埋人这件事儿，是大事儿。）

结果，子贡发现子桑户的另外两个好基友——孟子反和子琴张在唱着歌，弹着琴：“哎呀桑户啊！哎呀桑户啊！你又回到真人状态了，而我们还被‘人’这个囚笼绑架。”

“子贡趋而进”——指子贡身体往前倾，表示有礼貌。（一些无礼的人都是肚子朝前头朝后，想要巴结你的人都是肚子朝后头朝前。）

“敢问临尸而歌，礼乎？”——你们面对尸体唱歌，合乎礼吗？

庄子用这三个人再加上孔子学生的故事，来讲了一个状况——对待生死，应该怎么看。和《逍遥游》《齐物论》《养生主》《德充符》讲的不一样，《大宗师》讨论了很深刻的、关于生死的问题。

孔子说：“未知生，焉知死？”对于死，孔子不予讨论。**而庄子直面生死，反复讨论。这件事情，不得不让我们想，就算你不去想，也是不能不去面对的。**

张杨导演的电影《冈仁波齐》里面有很多关于生死的讨论，最让我感动的是，老爷爷要去朝圣，就连小女孩儿、年轻人、孕妇等人都陪着他，结果走到半路，老爷爷在睡梦中离开了人世。这些人没有哭天抢地，只是把他埋好之后，拿几块石头垒了一个坟冢，继续往前走。

电影中的一首插曲真的很好听，歌词大致是这样的:“我往山上一步一步地走，雪从天上一点一点地下，在和雪约定的地方，我想起了我的母亲。我们都是同一个母亲，但我们的命运却不一样。命运好的人做了喇嘛，我的命途多舛，去了远方。”

或许生命没有意义，只有行走，只是过程。

没有灵魂的人，怎么会有灵魂伴侣

那些精神上达到某种频次的人，如果仅仅是一个人的话，他可以和宇宙共鸣，就像中国很多传统文化都是自己跟自己玩的艺术，比如弹琴、禅坐、钓鱼、写字等。但是，如果有可以让你无需多言，仅相视一笑就能产生共鸣的朋友，仍然会让你觉得很幸福。

《哈佛公开课·幸福课》里讲到，“和谐的人际关系是人类觉得幸福的很重要的源泉”。**首先，自己内在需要拥有趣味、精神上的某种归依感，然后有共同趣味的人才会出现。**试想一下，**一个自己都没有灵魂的人，怎么会有灵魂伴侣呢？所以，不要抱怨没有灵魂伴侣，而**

要抱怨自己没有灵魂。

无论是多大的官，多么有钱的人，多么著名的人士，美女、丑女、帅哥还是丑男，这些都不重要，他们就是两个人，不仅不讨厌对方，还愿意彼此聊一聊。不聊的时候，他们也觉得怡然自得——好爱不累，真爱无畏。

我想，庄子提到的子桑户、孟子反和子琴张三个人，基本上就是这样的好朋友吧。

礼是尊重的艺术

子桑户 over 了，但还没有下葬。孔子听说了，就让他最得意的学生子贡前去看看有什么需要帮忙的。但是，子贡发现子桑户的两个好朋友，一个在编曲，一个在弹琴，他们“相和而歌曰”：“桑户哟，桑户哟，你已经自由了，你已经自由了。还留下我们两个囚徒哦，囚徒哦，我们还被身体这个监狱绑着哟，绑着哟。”（大概就是这样唱的）然后，子贡就说：“尸体在旁边躺着，你俩还唱歌，这样符合礼仪吗？”

“二人相视而笑曰：‘是恶知礼意！’”——两个人相对一笑，说：“你哪里懂得礼的真意？”

“礼”是什么？就是尊重的艺术。这两个好朋友尊重什么？他们了解躺在那里的朋友已经获得了自由。对于一个获得自由的朋友是应该哭泣，还是应该歌唱呢？面对同样一件事情，不同世界观的人的表现真是不一样啊。

电影《冈仁波齐》中的一个片段特别有意思。这几个去朝圣的人一路走着磕长头，拿木板在头顶敲一下，胸前敲一下，肚子前敲一下，然后吱的划过去。他们一路走来也没有机会洗澡，每天还要搭帐篷、收帐篷，拖着一辆巨大的车。本来有人驾驶一辆拖拉机运送着他们的行李，结果，拖拉机被一辆飞驰而过的越野车撞坏之后，他们就舍弃了被撞坏的拖拉机车头，自己拉着行李。令人没有想到的是，他们竟然拉着行李走一段路，然后停下来走回去，把那一段路继续磕头走完，然后再拉着行李往前走。

有一次，他们走到一个春暖花开的地方，洗了一次澡，然后围绕草地开始唱歌跳舞，很开心的样子。仅仅那一刹那，他们不需要做任何功课，不需要抵挡严寒，不需要拉着极其沉重的车，他们还洗干净了自己的脸。

我看着他们赤着脚在草地上跳舞的场景，突然理解了孟子反和子琴张——他们知道自己也会像好朋友子桑户一样，终有一天横躺在那里。子桑户躺在那里了，孟子反、子琴张就像《冈仁波齐》里面展现的那样，偶尔的一刹那间获得了某种释放，于是抓紧时间快乐一下。

对他们来说，人生有什么伟大的意义呢？其实，**人生本无意义，也不一定有终点，只不过是一段习惯性的走路，然后在恰当的时候给自己一点儿快乐的奖赏，**哪怕这个理由是他们最好的朋友刑满释放、脱离身体的牢笼。这是一种全然对礼尊重的了解。

尊重什么？这两个人知道子贡所不了解的事，尊重的是他们活在一个不得不进入的游戏规则当中，他们懂得尊重这一切合乎世间的运转规则，并且对此表示充分接纳和理解。

对平常心的享受是礼的最高境界

在电影《冈仁波齐》里面，还有一些让人觉得很有意思的细节。比如，他们走到一个地方，几个男人累了，拉不动了，就让女人一起来帮忙拉一下。所有人都走过来一直往前拉着那辆重重的车。拖拉机被别人撞坏了，他们没有抱怨什么；没有钱了，他们就去打短工，随便做点儿什么。然后，他们继续往前走。

看完这部电影二十四个小时以后，才让我生起兴奋和激动的是，整部片子没有高潮，没有剧情的冲突，没有一个人有怨恨，充其量偶尔有点儿不理解——为什么自己做了那么多好事，也没做坏事，爸爸也没做坏事，爷爷也没做坏事，命运却那么多舛。其余时间，他们都只不过在磕长头。

这是一部没有抱怨、没有争吵、没有讨论谁对谁错的电影。也就是说，这是一部没有是非的电影，完全不符合所谓剧情冲突的要求。一个大肚子的妇女，唰地就跪下去了，她也没有考虑这样磕长头会不会伤害到肚里的孩子。直到有一天晚上，她说肚子疼，就被送去县医院。然后，孩子顺利地出生了。生完孩子之后，她继续磕头走路。后来，他们的车子实在没法要了，于是每个人背着一个包裹继续往前走。这个妇女就背着自己的儿子一路往前。她有多么宏大的理想，必须怎么样吗？没有，就是平常心。

修行修到最后就是这种平常心。生就生了，歇就歇了。对平常心的享受是礼的最高境界。

如果你跟朋友借钱，后来忘了还他，他不是假装不在乎，而是真的就待在那儿，仅仅简单地想，既然你说要还而没有还，肯定是还不了，那就算了吧。

你觉得什么东西重要，你就会对什么东西尊重

我不明白，有些夫妻开车，老婆开车，老公在旁边不断地说:“前边有车，注意啊！你怎么开车的？怎么倒车的？前面又轧黄线了，又闯红灯了，这些人怎么那样啊，要不要命啊！”或者反过来，老公在开车的时候，老婆在旁边不停地说:“叫你左转你不转，你看，又过了吧。踩着线了吧。扣谁的分啊？”想必这些都是大家熟悉的场景吧。如果有一天，你发现自己在开车的时候，那个相濡以沫的亲密战友，以各种彰显他（她）的智慧和能力的方法，在车里面咆哮，你该如何是好呢？

有一次，我坐在一位朋友的车里面。突然，前面闪过来一个孩子。然后，一个家长面露紧张地追过去把孩子拉住。于是，开着车的朋友就开始破口大骂："这些人真是不要命了，这些妇女到底要怎么样……"从表面上看，他是在关心那个孩子会不会有危险，其实言外之意是万一不小心把人给撞了，自己得惹上多大的麻烦。过了一会儿，他被一辆车超了过去。他又继续骂那些人没素质、没教养。从个人素质到国家教养、民族、历史、文化整个批评了一通。从五四运动批评到市场经济改革，风水、命理，乱骂一气。坐在车里面的我在想，被骂的人又听不见，只有两个人能听见。一个是他自己，一个是我。如果连我都听不见的话，他骂给自己听又有什么意思呢？

情绪是一个很奇怪的东西，本来没情绪的，越骂情绪就越大。就像看电影的时候本来没有什么好哭泣的，流一滴泪之后，那股劲儿便上来了，后来什么场景都能让你哽咽。十年、五十年之后，你再看那部电影，你根本不知道当时自己为什么哭成那样。

情绪只不过是一个习惯而已，而且它拥有加速度。

所以，很多人在抱怨和生气的时候，全然没有意识到，脾气的爆发对于引发脾气的缘由是毫无可比性的，只会加重自己糟糕的情绪累积，也就是“恶”或者是“业”。

无论你批评的是多么丑恶的现象，你在批评的过程中产生出的憎恨心、嫉妒心、傲慢心和怀疑心，都是你自己的“恶”，这都叫“无礼”。孟子反和子琴张在弹琴，对着躺在那里的兄弟唱歌的时候，是活在自己对平常心的礼赞当中。而子贡却以此为无礼。

你觉得什么东西重要，你就会对什么东西尊重。如果你觉得让别人感受到你的悲伤，从而呈现出一种兔死狐悲的动物性，那你就活在礼上。如果你能够充满对世间万物该来的就来、该走的就走的平常心的尊重，你的礼就在那个层面。

子贡所不理解的这两个人，大概就在这里吧。

有趣的地方是，子贡回去跟他的老师孔子说：“他俩是什么人啊，有没有修行啊”——“临尸而歌，颜色不变，无以命之。彼何人者邪？”

孔子曰："彼游方之外者也，而丘游方内者也。"

其实，在这里孔子还是一代宗师。他说："那些对着朋友鼓琴而歌的人是方外之人。而我孔丘以及带出来的学生是方内之人。"也就是说，别人玩的是不受物理限制跟宇宙互联的，不受带宽影响，不受朋友圈限制的互联网。我们还活在朋友圈当中，此为"方外"与"方内"的区别。

这篇中和大家讲的就是礼，礼貌的"礼"。但有着不同层面，是天地之礼，还是人文之礼，抑或是禽兽之礼。当你心在天地的时候，自然而然，你的礼和心在朋友圈里面所呈现出来的是不一样的。

我们为什么总是感觉一些人很洒脱，他们总是深深地吸引你，他们无求于你，你却永远对他们着迷。我想，可能只有一个原因——他们不受习惯的游戏规则的束缚。

活在方内，心在方外

什么是大宗师？大宗师就是无时无刻不向大道学习生命游戏规则的人。

在《大宗师》里面，庄子开始涉及一个很深刻的话题——生死。他讲到，子桑户死了，他的好朋友孟子反和子琴张在旁边鼓盆而歌。当“人伦大师”孔子派他的得意门生子贡前去吊唁时，子贡看到那样的场景，感到很违和，完全找不到凭吊逝去之人的感觉。回来后，子贡问孔子他们为什么会那样做。

孔子是一个很聪明的人，他说：“彼游方之外者也，而丘游方之内者也。外内不相及，而丘使女往吊之，丘则陋矣！”

孔子说：“子贡，你一定要明白，我们都是方内之人，他们都是方外之人。我们与他们不在同一个时空维度，我们还受制于人世间别人怎么看、怎么想以及自己应该怎么办的情况。**他们没有活在‘应该’里面，而是活在‘活该’里面。活该而活，活该而死，来了就装在一个身体的囚笼里面，受了那么多年的罪，也享了那么多年的福，走了也就重新获得自由了。**说到底，我让你去吊唁这件事真的是我错了。”

从这一点上来说，我觉得庄子挺有意思的。在孔子的人设（人物角色设定）上，庄子把他设定为“既不完全在方外，但也没有那么在方内”——一个了解一些方外事情的方内人士。如果把那些神仙都归为神仙党的话，孔子算是党外的党员。

然后，孔子跟子贡说了一下自己的人生感悟：“那些方外之人活得潇洒，可惜你我没有办法，还要活在每天人们对我们的点赞评价当中（从本质上来说，就是被朋友圈绑架）。”子贡就说：“既然老师您明白这些，为什么不能够成为一个方外之人，按照方外的方式来生活呢？”

“方”有很多种解释，上下左右、前后里外视为“八方”。不受上下左右、前后里外的空间束缚，就叫“方外”。“方”也可以指方向，没有必须采取什么样的方向就叫“方外”。“方”还可以指方法，做事情不是必须按照怎样的操作流程去做就叫“方外”。

曾几何时，如果一个人做事情没有规矩，没有条理，就觉得这个人不靠谱儿；如果一个公司没有流程，没有可投资的价值，就不是一个 sustainable（可持续发展）的公司。

孔子还是很高级的，他说：“**我们完全可以活在方内，心在方外。就像一条鱼活在水里很自由，但真正自由的并不是它在水里游——没有水的话它也会活不下去，而是它逍逍遥遥、自自在在的心情。**”这句话很深刻啊！

人世间需要一种寸劲儿

中国文化真的很有意思，所谓念兹在兹：吃橘子的时候就吃橘子，走路的时候就走路，好有禅意。我们也可以说，吃橘子的时候，不想橘子，不以橘子为橘子；走路的时候行于方外，不觉得走路是为了走路。这就是**中国文化的魅力——每个正确道理的对立面，都站着另一个正确的道理。这是我读中国文化最大的体会。怎样都可以是对的，怎样都可以是错的。**

如果老婆今天说你这样是错的，明天你反过来做了，她还说你是错的，说明此乃真人也，她深得中国文化精髓。当你有一种怎么说都对也都错的无所谓对错的心态时，在公司里你是好员工，在市场上你是好创业者。你可以说自己现在做的是 O2O，你也可以说自己做的是一个借着 O2O 名义的 OFO——一家好像在做电商的金融公司。就像很多银行，他们表面上是银行，其实他们是生命财富管理专家，帮助你办理出国留学，办理护照，甚至还卖保险。他们关心你的生老病死。总之，他们不是在做表面看起来做的事，对此，你也觉得挺有道理。

孔子用了一种无可奈何的幽默，对他的学生说："反正我们已经意识到自己不会像他们那样完全方外，但这并不妨碍我们在体制内，想着体制外的快乐。"

读到这段的时候，我掩卷而叹。难道真的不能在体制内过着体制外的生活吗？

很多人从表面上看是妈妈，其实她们是修行者。她们号称对孩子教育非常认真，其实更多时候要去转山。对于这件事情，我深得其中三昧真火。还有很多老公，回到家是一位好老公，出门在外是一条活龙；他们在家庭里面循规蹈矩，出门在外则放达天地，这就是在方内过着方外的世界，在方外想着方内的规矩。按照孔子的话来说，叫作“从心所欲不逾矩”——知道边界在那儿，但完全可以自由自在地活动。

实际上，人世间需要一种寸劲儿——有没有办法在游戏规则之内获得自由的感觉。有一次，我去看朋友练咏春。大家都知道，一个咏春高手用手、肘、脚、胯、肩等与木桩练一天，都不会离开一平方米。但是，你看过那种寸劲儿吗？如果你真的跟他打架的时候，他的拳缓缓地打到你面前，大概只用很短的时间，在很近的距离，用寸劲儿啪地一打，你就飞出去了。

我见过一些高手，自己也试过。有一段时间，我特别喜欢跟我儿子玩儿一款“推手推掌”的游戏。这个游戏就是，两个人都伸出手掌，在碰到对方的一刹那，如果感觉对方的重心已经过来了，一收掌，对方就朝这边扑倒了。有时候，你的掌心碰到对方的一刹那，你感觉他在犹豫，也没有用很大力来推你，但也没有往后收，因为他一收，你一推，你的重心就会偏。你感觉到他还在犹豫的时候，你咔地轻轻一推，他唰地一声就飞出去了。我常常在跟我儿子玩这个游戏的时候告诉他，推掌在零点零一秒里面，要迅速地不是用大脑而是用掌心去判断——对面的手掌是在推你还是在吸引你。虚晃一枪，在你推过来的时候，他突然把手一撤，让你的重心扑向他。

这些都是日常中的小游戏。但是，这个在方寸之间使用寸劲儿而获得自由的感觉太高级了。

高级的女生向心爱的男生表白时，不会说："王思聪，我要嫁给你！"更不会天天在别人家的楼下喊"老公"。不是不可以，而是这个效果一般会很差。高级的女生会在对方对她正有一点儿感恩的时候，以一种奇妙的方式——小露香肩、若有若无的香气来吸引对方。最好不要用兰蔻的香水，我觉得六神的花露水就挺好，但不能用多，把六神花露水用红茶煮了之后，稀释一百倍，朝天空一喷，然后自己跳起来融入喷雾中。这种香味很有穿透力——喷香水也是一种艺术，哪有拿香水朝自己身上喷的？都是往外喷，然后把身体迎上去，让自己抬头挺胸，以胸含之就好，不要用力太大。

在婚姻里都不能获得自由的人，离婚之后也不会自由

“从心所欲不逾矩”，从这一点上来说，庄子对孔子有另外一番表扬。从表面上看，孔子在自责不应该让子贡去丢人现眼，向一些方外人士表达世俗的礼仪。但是，话锋一转，孔子完全呈现出另外一种更高级的自由。

自由固然可贵，在没有自由的时候，自己想方设法不动而获得自由才最高级。

我曾经在节目里面和大家分享过，当年，本焕长老

被关到监狱里面几十年，出狱后，他一丝一毫的恨意都没有，反而感谢祖国、感谢人民、感谢党给了他闭关的机会——他真的是发自内心这么认为的。就算不被关起来，他也要找一个山洞让自己待着，还要在行动中修禅。

只要在内心里面没有恨，没有不自在，给不给你自由和你有没有自由之间，是没有关系的。

有许多朋友打电话说："梁老师，我真的受不了了，我要离婚，我要获得自由。"对此，我想借助老梁的一句名言："一切在婚姻里不能获得自由的人，离婚之后也不会获得自由。"

自由并不是人家给你的，是人家不给你自由的时候，你还能获得自由的能力，那才是自由。

你在戏里面演了一段爱恨情愁，
入戏要真，出戏要快，
否则就很容易受伤。

大宗师

第十四章

人间是剧场：入戏容易出戏难

原典

颜回问仲尼曰：『孟孙才，其母死，哭泣无涕，中心不戚，居丧不哀。无是三者，以善处丧盖鲁国，固有无其实而得其名者乎？回壹怪之。』

仲尼曰：『夫孟孙氏尽之矣，进于知矣，唯简之而不得，夫已有所简矣。孟孙氏不知所以生，不知所以死。不知就先，不知就后。若化为物，以待其所不知之化已乎！且方将化，恶知不化哉？方将不化，恶知已化哉？吾特与汝，其梦未始觉者邪！且彼有骇形而无损心，有旦宅而无情死。孟孙氏特觉，人哭亦哭，是自其所以乃。且也相与「吾之」耳矣！庸讵知吾所谓「吾之」乎？且汝梦为鸟而厉乎天，梦为鱼而没于渊。不识今之言者，其觉者乎？其梦者乎？造适不及笑，献笑不及排，安排而去化，乃入于寥天一。』

重要的事情，都值得一而再再而三地讲

庄子在编写故事的时候，往往会把差不多情节的故事反复讲。《金刚经》或者其他经书也有类似的情况，把一句话反复讲，把表达同一个意思的故事反复讲。

有一天，吴伯凡对我说："罗素说过，一个伟大的哲学家这辈子重要的话大概也就那么几句，其他的话都是围绕这几句话展开的，以至于你不能随意接触那几句话，或者让那几句话显得很重要。"

我想，之所以佛经有那么多重复的内容，庄子用那么大的篇幅来重复一些故事，是因为**有些重要的事情值得一而再再而三地讲。你现在想想，你这辈子反复经**

历的事情，难道不是那么一两个心智模式导致的吗？会喜欢这样女孩子的人，会反复喜欢差不多的女孩子。创业的人连续创业，失败的人连续失败，跳槽的人连续跳槽……

世间万物总是由那么几个很简单的东西在决定其命运。所以，解决人类共同命运的问题，也只有几句简单的话。

庄子在《大宗师》里面用一个轮回式的方式“浊浪排空”。别人是使用排比句，而他是使用排比故事——差不多的故事情节，一层一层、一个一个地推演着讲简单又重要的事情，**重要的事情一定是很简单的**。所以，庄子在《大宗师》里面反复讲到人的生老病死这些事情，真人是如何面对这些情形的。

每个山东人内在都住着一个孔子

翻开后面的故事，老朋友又来了，庄子把颜回和他的老师仲尼又请了出来。这件事情很有意思，庄子一定对孔子和颜回非常看重，不管经常拿他来开玩笑还是作为典范。总之，他的人设是以颜回和仲尼这类人物关系为主的。

颜回问仲尼曰:“孟孙才，其母死，哭泣无涕，中心不戚，居丧不哀。无是三者，以善处丧盖鲁国。”

这段话是讲颜回问他的老师孔子:“孟孙才的老母亲死了，但他哭的时候连鼻涕眼泪都没有。”涕泪交流，就是因为泪道和鼻子是通的，所以一些人哭的时候，一把鼻涕一把眼泪。“哭泣无涕”，是指这个人哭的时候，只是眼睛里面有一点儿小泪花，流量明显不够，以至于没有涌回后面变成鼻涕。

“中心不戚”——心中也不感到很悲伤。

“居丧不哀”——在葬礼中也不表现得很哀痛。

以上情况，孟孙才都做得很不靠谱，但他却以善于在丧事里面表达自己的情感而名震鲁国。

我们都知道，鲁国是中国仁义的故乡。山东人个个都讲仁义礼智信。我认识的很多山东人，他们除了会喝酒，内心的情怀还是很重的。每个山东人内在都住着一个小孔子。从这点上来说，韩国离山东真的还很近的。现在，一些网友批判韩国人。因为韩国人自认为发明了针灸、发明了仁义礼智信。郭德纲在一个段子里说：“那么，中国人发明了什么呀？中国人发明了韩国人。”这句话很好笑，以我的智商说不出这种高级的段子。但这背后可能也有些道理，很有可能韩国在历史的文化版图里，长期受到古代鲁国的影响，也就是说，在很长一段时间里面，朝鲜半岛的文化深受大中国地区的影响。所以，韩国在很多文化的归属方面，尤其是以前的文化根源与鲁国很像。

我是用这段话来表明，虽然我坚决反对韩国人把一切仁义礼智信等中国传统文化美德据为己有，但是，他们认为那些东西也是他们所遵守喜欢的，这件事情我倒也不反对，只是版权要明确，因为古代鲁国就有仁义礼智信的传统。

你在做托儿的时候，还有人在托你

话说回来，孟孙才居然在那样一个讲究仁义礼智信的地方，通过以上三种不靠谱的行为——“哭泣无涕，中心不戚，居丧不哀”，名震当地。

这就像现在的铁岭地区，一个人居然在卡拉 OK 大赛中拿到大奖，那是相当了不起啊。因为铁岭地区的演艺人才是很多的。《中国好声音》好像统计过，在节目里面唱歌唱得最好的人大部分来自东北三省，东北三省的朋友在演艺方面还真的挺有天赋。只要看看直播行业，再看一下《喜剧之王》《笑傲江湖》这些节目，你就会发现，东北地区的朋友身上有一种很有趣的，把演艺和幽默结合到一起的天分。

山东地区人们的特点是忠厚、讲理。但是，颜回认为这个孟孙才，居然这样做也能够在非常讲理的地方“以善处丧盖鲁国”。这到底还合不合天理啊。

颜回说：“我颜回实在不明白啦，老师你能讲讲吗？”这个故事也挺有趣。我感觉，颜回的角色其实就是一个托儿，为了说明他的师父比他高半截儿，纯粹就是问出一个问题，让仲尼表达他的哲学观点。当然，**你在做托儿的时候，还有人在托你。从本质上来说，孔子也是庄子的托儿，不是吗？**

庄子用他们的对话，表达了自己想表达的东西，只不过庄子认为如果这件事儿由他来说，显得没有退守的空间。讲话不能说“这是我说的”，就是有观点也不能说“这是我说的”，我得说“这是吴伯凡说的”。

那么，孔子是怎么回答的呢？——仲尼曰：“夫孟孙氏尽之矣，进于知矣，唯简之而不得，夫已有所简矣。”孔子的意思是：“对于道孟孙才应该算全明白了，他知道了比葬礼更高一阶的道。”

常人对于哀伤是无法减损的，在他由于亲人的离去而哀伤的时候，也伤害了内在的“天真”。那个天真是和宇宙万物的成、住、坏、空同频共振的。孔子说，普通人哀而且伤，孟孙氏与普通人不一样，他哀而不伤。他也会哭，并没有不哭。但是，他深深地知道，世界万物有一个总纲——成、住、坏、空，也就是大道。所以，他把自己当作一个向宇宙致敬的行为艺术家。**对于一个把自己的所有生命轨迹，包括自己和亲朋好友的生老病死，都当作向这个巨大的游戏规则致敬的总剧本里面的一段剧情的话，他不会因此而真正损害内在的天真。**

孔子的这段话还是很高明的。

一个好演员要“进得了戏”，还要随时“出得了戏”

有一部比较火的电视剧——《我的前半生》。其中，一位女演员因为饰演小三，演到被很多网民痛恨的程度，大家跑到她的微博留言骂她，骂得她把评论都关闭了。

她演小三演得很入神，以至于让所有恨小三的人都跑去骂她。但是，她真的因为演了小三而在内心成了一个小三吗？一个真正的好演员在上一部戏里面演了小三，在下一部戏里面演小四她也能够演得很好，因为她没有伤害到内在的“我”。

有些人演戏，就真正将自身投入到角色中了。譬如，网上曾经传闻，当年八七版《红楼梦》的演员太年轻，所以他们演戏的时候就把自己演进去了，以为自己真的就是那个角色，这一辈子的性格命运也都与《红楼梦》里面的角色相呼应了。这在网上一度也是热议点。一个好演员要“进得了戏”，还要保持“随时出得了戏”的能力。

好演员怎么能因为在电视剧里面饰演小三，演到自己真的成为小三呢？那么，以后她还怎么演别的角色呢？一位好演员既能够出神入化地刻画角色，同时永远在内心保持那份天真的清醒，而且表面有一层保护膜。否则，就很容易被自己所饰演的角色伤害到，如何能够颐养天年，如何能够用自己的生命去回应宇宙的成、住、坏、空呢？

话说回来，基本上，孟孙才是一个在人世间经历过很过事情的德艺双馨的艺术家。孔子对他的年轻学生颜回讲的心路历程，其实都是庄子说的：“孟孙才这个老演员，他知道他到人间来，这段时间是演一个孝子，但本质上他是一个在人间世剧场中的表演艺术家。”他真正的本我，就是随着自然生死，与道同齐的天真。至于他是叫孟孙才还是叫孔孙才，都不重要。这就叫“哀而不伤”。

发脾气的人可以被分成两类，一类人真的发脾气发到自己肝儿颤，然后把自己气得半死。还有一种人只是以发脾气来传达自己对某件事情的态度，关上门之后，怒气立刻就没有了，不会因为愤怒而把自己气到内伤。

这个小故事再次提醒大家：**当你在骂孩子的时候，千万不要骂着骂着把自己骂生气了，这只能说明你在骂他的时候，勾起了对自己内心的不满；当你在抱怨老公的时候，不要抱怨到自己真的变成黄脸婆，这只能说明你对自己黄脸婆的命运充满深深的担忧。一旦自己相信了，你骂不骂他，他靠不靠谱，你都必然会变成黄脸婆，因为那是你内在使然，你自己的天真已坏。**

人生没有白走的路，每一步都算数

前面，在颜回和仲尼的对话中谈到，孟孙才这样的真人，家里出了丧事，本来应当是他最悲痛的时候，但他保持着一种觉知。他是悲而不伤，因为他不仅仅把自己设定成为一个孝顺儿子的角色，他的内在还知道自己是一个宇宙级的行为艺术家，正在向宇宙的真理——成、住、坏、空的自然性致敬。

在评价这件事的时候，仲尼说："有旦宅而无情死。孟孙氏特觉，人哭亦哭，是自其所以乃。"说的是一个人哪，来到人世间的时候，他就开始演这段戏。运气好的话，他能演八九十年甚至一百年。而这个角色大致是一个剧本：这个人成为你的父亲，那个人成为你的母亲。如果一个人没有那种宏大的世界观，他以为这个开始就是从剧情开始的话，他会一直以为那出剧就是生命的全部。因为他的视野，是从生到死这一段的。但是，当一个人拥有宏大视野，以及更宽的见地时，他会看到这一段生命或角色，只不过是他很长久的历史角色当中的一段，只不过在这段里面他演了这个角色而已。

在《欢乐喜剧人》第一季的时候，小沈阳、宋小宝等人演的那出剧，是《欢乐喜剧人》里面我最喜欢的。他们反复地在一个大故事里面，开始一段又一段的故事情节。其实，把这件事情扩展开来，我们又何尝不是这样呢？

一个意识进入一个身体，然后这个身体就像你的衣服，同时也包含一系列生旦净末丑的角色。学京剧或者喜欢看京剧的朋友，一看脸谱就知道，这个是老生，这个是青衣，这个是花旦。京剧是浓缩的世间相，我们每个人被装到身体里面的时候，就自然而然地开始了一段故事的旅程，包括大致的情节、角色以及彼此之间的关系。但是，对真人，也就是所谓有宏大视野且有觉知力的人而言，他们应该很清楚地知道，这只是他生命演得很长的一段戏里面的角色。

“人生没有白走的路，每一步都算数。”这句话是对的。但是，他还是一个角色，因为“人间是剧场”。

最好的活法："哀而不伤""乐而不淫"

在《大宗师》里面，庄子几乎讲述了一个不同于我们熟悉的世界观里面的体系，我们不能简单地用灵魂这个词来形容，因为我们还没有真正了解它。我只是借庄子的这段文章，跟大家分享庄子是这样看的，或者庄子用孔子的话来表述他的看法。他说："我们不应该粘连在自己的角色里。"

这就像我们在上一篇讲的话题一样。**你在戏里面生气了，难道你真的要把这种情绪带到你的最深处吗？你在戏里面演了一段爱恨情愁，入戏要真，出戏要快，否则就很容易受伤。**为什么我喜欢《欢乐喜剧人》这个节目？因为我觉得在这里面呈现出了世间的百态，这些优秀的演员其实只不过在一个更短的时间、更浓缩的剧情里面，给我们呈现了每个人都会面临的人生剧情。

仲尼用这种方式对颜回说："孟孙才这个人，他并没有完全被自己的角色所绑架，仍然拥有深深的觉知，他知道那份觉察才是自己的本真。"

你会发现，这些话和佛学里面讲的"止观"很像。**生气的时候，你要觉察到自己的生气；开心的时候，你要觉察到自己的开心；悲哀的时候，你要觉察到自己的悲哀。当你觉察到自己的悲哀时，你就没有那么伤了，叫"哀而不伤"。**

还有一句话，叫"乐而不淫"。**当意识到自己很开心的时候，其实你已经没有那么开心了。**淫是淫雨霏霏的"淫"，淫的本意指的是过度。以前，我们总认为这个人很淫，好像代表着他很不检点，其实是他对于情欲这件事情没有节制。所以，儒家也说"发乎情"是可以的，但要"止乎礼"。什么叫"礼"呢？就是节制。

《中庸》有言："喜怒哀乐之未发，谓之中；发而皆中节，谓之和。"你会发现，儒释道三家，其实在讲一件事情。

梦里也是梦外

庄子明明白白地对我们讲，要清醒地意识到自己在更长的历史维度里面、生生世世的角色里面的本体。很多人说,《大宗师》是庄子的宇宙本体论。我觉得这种观点是有道理的。庄子在他的故事里面有这样一个前提（当然，他没有用灵魂这个词）：道家认为“气聚则生，气散则亡”。也就是说，生命以一种方式被聚合，“负阴而抱阳”，聚合在了一起。

用今天的话来说，你买了一部手机，如果你没有把它和你的 iCloud 账户连接的话，它就是一个薄薄的、有玻璃镜片和充电口的东西。一旦跟 iCloud 连接，上一部手机里包括在云端的数据、关系链、银行账号以及密码、照片、备忘录等，全部下载到一部新的手机里面，于是这部手机就变成一个既新鲜又熟悉的东西。

用手机来打比方就很容易理解这个道理。庄子在《大宗师》里面说，实际上那部手机不那么重要。那个账号和它所对应的数据包以及社交关系链比较重要。而那些东西只不过是一串比特流、数据流而已，视为无色，视为空相。但它会幻化出一切真实世界里面的投影，所谓“色不异空，空不异色，色即是空，空即是色”。

仲尼曰：“知吾所谓‘吾之’乎？且汝梦为鸟而厉乎天，梦为鱼而没于渊。不识今之言者，其生命觉者乎？”他清清楚楚地用到“觉”这个字。

孔子说：“你可以梦见自己是一只鸟在天上飞，也可以梦见自己是一条鱼隐没于深渊。你怎么知道自己现在不是在另外一个大故事线里面的一段梦境呢？”

看过电影《盗梦空间》的人都知道，当男主角意识到旋转的陀螺的时候，他是在梦里。而梦是可以层层叠叠套加的。实际上,《盗梦空间》是一部非常具有《庄子》意味的电影。我可以百分之百相信，电影《盗梦空间》的导演克里斯托弗·诺兰读过《庄子》，因为在这一段里面讲的就是“你怎么知道自己是在第几层梦里面，你能觉察出你在梦中吗？”——“其生命觉者乎，其梦者乎？”

我觉得，孔子应该是一个比我们想象得更聪明、更几于道的人。起码庄子认为孔子是这样的，只不过孔子有他另外的敦厚和善良。他会告诉你“未知生焉知死”“敬鬼神而远之”“子不语怪力乱神”等。因为孔子讲的很多话是对他的学生说的，就像一个已经玩过所有游戏的人，在陪小朋友玩的时候，他还愿意俯下身来，跟他们讨论在城堡里的小故事。

人生是从一个无常来到另一个无常

有一天，我看见我儿子在玩乐高。他编织了一条完整的故事线，讲述几个江洋大盗穿梭时空的故事。其实，这是一个描述父亲和儿子之间冲突的故事。另外，还有监狱、乐土、用可乐做出的盒、用比萨做出的房子，等等。有时候，我会看着他玩这个游戏，有时候也会很深度地跟他讨论他的故事。如果我儿子允许我加入他的故事线的话，我也会参与其中。如果这时候整个乐高散了，我也会陪着他有一点儿不爽，但肯定不是哀伤，至少肯定不会伤，因为我知道自己只是陪他在玩。

我常常跟他讲，**很多佛教徒用许多年去精细地做沙**

画，而且做得很精美。然后，一把就将所有画都抹掉。他们正是用这种行为来不断地提醒自己，世界只不过是一堆颗粒，它们是以某种故事线聚合而成的图像，随时可以重组。而这种随时可以重组的状态叫“无常”。

在梦里面，我们常常编织了另外一条故事线，甚至都有可能梦见自己睡着。我儿子去年参加了一个类似乐高游戏的大型活动。每天，看着他沉浸在自己的故事里，我就会觉得自己又何尝不是沉浸在一个开公司、融资、做节目、与同事互动、装模作样讲《庄子》的游戏当中呢？

每次，将要进入梦乡的时候，我们都可以轻轻而明确地告诉自己，这是从一层梦进入另外一层梦而已。如果真的是那样，又有什么东西能真正地伤害你呢？除非你真的相信自己的梦是真的。

其实，都是假的。

“方”内“方”外皆自在

之前，我讲“孟孙才”这个方外之人用自己的方式去祭祀母亲，颜回对此很不理解，但他的老师告诉他，不要用方内之人的态度去要求方外之人。这个“方”有点儿类似于人类的共同价值观体系。

读过《人类简史》的朋友都知道，人类简史的作者尤瓦尔·赫拉利用一本书讲了一句话——**人之所以有别于其他动物，就是人用自己编造出来的一系列游戏规则、法律共同价值观以及共同神话体系，变幻出一个在意识上相互依靠连接的共同体。**

比如，大家都相信法律，尽管两个人在法庭上吵得你死我活，恨不得掐死对方，但那是基于他们都相信“法律还有用”的观念。否则的话，也没有办法解决问题。最反对美国的人，也可能会使用美元，这是因为他还相信美元有用。

由这种大家都相信的东西共同联合起来的人类社会，就叫“方”。

仲尼说：“这个孟孙才呀，有时候他的身体和角色是在方内的，他就是一个在这个剧本里面的演员。但他**有时跳出方内，站在方外，暖暖地看着自己在里面演戏的样子。在方外的心，是那种真心。如果你有时候在方内入戏太深，出不来的话，就会伤到自己方外的真心。**”

大宗师

一个人如果真的想要获得所谓的解脱，
也许他必须向大自然学习『无情』。

第十五章

要向大自然学习无情

原典

意而子见许由，许由曰：『尧何以资汝？』

意而子曰：『尧谓我：「汝必躬服仁义而明言是非。」』

许由曰：『而奚来为轵？夫尧既已黥汝以仁义，而劓汝以是非矣。汝将何以游夫遥荡恣睢转徙之涂乎？』

意而子曰：『虽然，吾愿游于其藩。』

许由曰：『不然。夫盲者无以与乎眉目颜色之好，瞽者无以与乎青黄黼黻之观。』

意而子曰：『夫无庄之失其美，据梁之失其力，黄帝之亡其知，皆在炉捶之间耳。庸讵知夫造物者之不息我黥而补我劓，使我乘成以随先生邪？』

许由曰：『噫！未可知也。我为汝言其大略：吾师乎！吾师乎！整万物而不为义，泽及万世而不为仁，长于上古而不为老，覆载天地、刻雕众形而不为巧，此所游已！』

在尘世间打完滚之后再说“从容”

且让我们看后面的故事。据说，意而子是尧时期的贤人——社会贤达（有时候，“社会贤达”约等于社会闲杂），许由是庄子的文章中经常出现的神仙级人物。

有一天，意而子跑去见许由。许由说：“聪明能干的尧教了你一些什么内容呢？”意而子说：“尧对我说：‘汝必躬服仁义而明言是非。’”——你必须用全身心的洪荒之力去体现仁义，并告诉所有人什么是对的，什么是不对的。

许由就说：“那你何必要到这个地方来呢？我俩是不同心智模式的人哪。你们很清楚地表达了自己的仁义观念，清楚地知道什么是对错。但实际上你们这种人，其实天真的本性已经被破坏了，就像被刑具损害了身体一样，你们最宝贵的东西已经被切掉了，你已经不能够正常说话了。”

意而子却不这样认为，他说：“在你的观点里面，也许认为我们已经是心智上、意识上的残疾人，被戳瞎了那个天真的‘我’。But，我还是希望能够游走于方内与方外的边缘地带。

“我知道我已经入世较深，被迫学习了很多系统、流程和标准，我已经被 KPI 改造了。但是，我觉得人不是也可以借由各种努力去调整吗？

“比如，那个叫‘无庄’的美人，因为她得到了道，就算不加修饰，她也能够忘掉自己的美貌，已经不以自己漂不漂亮为意了。另外，那个叫‘据梁’的大力士，得了道以后，不以自己有没有力气为意了。黄帝——世界上曾经最聪明的人，得道了以后，忘记了自己的智慧。可见，如果一个人愿意的话，或许在经历了世间的种种以后，他还是可以找到那种如婴儿般呼吸的状态。”

一个在海边晒太阳的人，和阅尽繁华、在尘世间打完滚之后重新回到海边晒太阳的人，虽然他们有所不同，但说不定那些在世间被“污染”过的人，待在这种神仙般的境地更从容、惬意一些吧？

许由听后觉得也有道理，就说：“既然如此，那就让我勉强对你说一下什么是‘道’吧。”他说，“吾师乎！吾师乎——我的大宗师啊，我的大宗师啊！（那个感觉就像‘额滴个神哪，额滴个神哪’）。您哪，就像秋天严肃的霜，能够令万物零落，但并不认为自己是充满正义的，能够消灭一切不适宜的东西的。也能够像春天一样温暖，并且化生万物，恩泽传道万世，但你并没有觉得心中充满仁爱。”

其实，大道可以令万物各具形态。它可能只是顺着自然，并没有机巧。如果你真的游于道中，即使做了杀伐之事，有了生发之意，也并不觉得有什么。

一个人想要获得所谓的解脱，必须向大自然学习“无情”

曾经，我很喜欢一句话——“天何言哉，风雨兴焉”。

意思就是，老天要让世界发生点儿什么事情，它不必说，也不必有意识，只是按照节律自然地该有风的时候就有风，该有雨的时候就有雨，于是万物该生长的时候就生长，该凋零的时候就凋零。一个人如果真的想要获得所谓的解脱，也许他必须向大自然学习“无情”。

有很多人都问过一个问题：“如果上苍是充满爱的，为什么还有那么多动物被其他动物吃掉？为什么还有那么多穷人饥饿、受难？”

的确，这需要我们站在更高的维度去看这些事情。如果我们站在更高的维度去看的话，也许一个阶级里面出现的饥荒和灾难，是为了能够达到生态另外一个层面的平衡。甚至有时候，当粮食不够了，就会出现战争，慢慢地，所有事物都会达到一个新的平衡。

如果人类一直在污染环境，也许某天海底就会喷出一些毒气，然后人类都被消灭了。站在整个自然默默地大循环的角度来看的话，并没有什么事情是不可能发生的。

在我们的印象中，恐龙好像一会儿就消失了。但是，你知道吗？恐龙统治了三个地质时代，共一亿六千五百万年，而人类，到现在为止只存在了不超过三百万年的时间。

我觉得，人类在地球上能够活得比恐龙久的概率是很低的。如果我们把人类视为整个地球的一个物种的话，其实并没有可能比其他物种活得更久，更何况地球只不过是太阳系的一个小小的星球，太阳系只不过是银河系的一个小小的体系，银河系又是宇宙的一个小小体系。

当我讲到银河系也是宇宙中的小小体系的时候，你会不会突然感觉到自己每天的烦恼是多么微不足道呢？

曾经，我和一位同事就一个工作上的问题进行了很严肃的争论。从这件事情来说，我们好像必须讨论出是非，判定出谁对谁不对，而这个对的标准不一定是个人的标准，可能是以公司的利益为最大化的标准。后来，这位同事给我发了一条微信："你还记得一位老针灸学术专家吗？"我回复道："记得呀。"他又发了一条微信："老先生走了。"我一下子觉得历历在目的老先生这么一走，他生前在学术上的所有成果、努力做过的很多伟大工作、为了向全世界推广针灸而做的一切，似乎突然也就隐没于宇宙当中了。这位同事跟我说："其实，我们争论这些小事儿有意义吗？"我回他微信："没有意义，我被你击中了。"

也许，把很多事情放在一个更开阔的层面来看，我们才知道这些事情到底意味着什么。让我们用一种开放的心态，去做自己认为对的事情吧！

哪有时间去争论，哪有时间去愤恨

“天何言哉，风雨兴焉”，天什么都没有说，自然会安排“可以”“应该”“活该”出现的一切，也会让另外一些东西隐没于苍茫的天涯。

晏礼中跟我说，有一天，他在北京798艺术区参加了一个艺术展。当穿过一个长廊，走进房间后，他发现那个房间里面的艺术作品必须让观众躺下来才可以欣赏。当你躺下来的时候，你会发现房顶上固定着桌椅、床、台灯……总之，一切东西都被固定在天花板上面，而旁边的一些窗户则从外面用人造光打出太阳光的感觉。当你躺在那里的时候，你就会产生一种自己飘浮在天花板上俯视桌椅、床、台灯等的感觉。

当你拥有那种视角时，会突然觉得，**一个人的精神还装在身体里面的感觉是多么美好。哪有时间去争论，哪有时间去愤恨，哪有时间去做不重要的事啊！**

后来，晏礼中跟我说，走出那个装置艺术以后，他深深地感觉到生命好宝贵，不要浪费。

如果你愿意，可以现在微微地闭上眼睛，观想一下自己的意识慢慢地飘出身体，它没有重量，从上面看着下面那一团白白的肉——从身体之外看看自己，你一定会有一种强烈的幸福感，幸好现在还可以回去。

提醒自己，告诉自己，虽然成、住、坏、空是大道的运行规则，走到哪一站，该上车上车，该下车下车，但还在车里的时候，应该抓紧时间做一些将来不会后悔做的事情。

如果只有一件事情需要做，你要做什么呢？如果有一句话要告诉一个人，你为什么不去告诉他呢？如果有一顿好吃的肥肠，你为什么明天不去下单呢？幸福的人端起酒杯，拿起筷子，眺望远方，深深地告诉自己，这真不应该是一个让人后悔的世间哪。

大宗师

只有真正让你根本不用想该不该去做的事情才去做，因为已经不需要费力去思考。

第十六章

当你犹豫该不该做的时候，就坚定地不要做

原典

颜回曰：『回益矣。』

仲尼曰：『何谓也？』

曰：『回忘仁义矣。』

曰：『可矣，犹未也。』

他日复见，曰：『回益矣。』

曰：『何谓也？』

曰：『回忘礼乐矣！』

曰：『可矣，犹未也。』

他日复见，曰：『回益矣！』

曰：『何谓也？』

曰：『回坐忘矣。』

仲尼蹴然曰：『何谓坐忘？』

颜回曰：『堕肢体，黜聪明，离形去知，同于大通，此谓坐忘。』

仲尼曰：『同则无好也，化则无常也。而果其贤乎！丘也请从而后也。』

“坐忘”的快乐很酸爽

颜回是一个很可爱的学生，他经常向老师汇报自己的心得体会。有一天，颜回对他的老师仲尼说：“回益矣。”“回”，是颜回的自称，就是说他觉得自己有进步了。孔子说：“你怎么进步了呢？”颜回说：“我把仁义忘了。”孔子说：“还不够。”过两天，颜回又说：“我又进步了，我把礼乐忘记了。”孔子又说：“还不够。”又过了几天，颜回和孔子说：“我又进步了。我自然地忘记了我的形骸，现在连自己的身体状况都忘记了。”

据说，打坐打到某个阶段的时候，一些人会出现物我两忘的状态。总之，颜回跟他的师父说：“我忘记了自己形体的存在，抛弃了自己聪明的作用，关闭了自己机智的心，感觉自己与大道相符。”孔子说：“没有私心，顺着宇宙变化，就没有粘连瘀滞的情理。”

在讲颜回说自己忘记这一切，我想着怎么去表述这种“坐忘”的感觉时，我突然想起了一件事情：有一段时间为了省钱，我买了一部16G的手机。（本来是16G的手机，但装系统就要用掉4G，所以能用的最多也就是12G内存。）没过几天，手机就会自动提醒内存已经满了。于是，我就要去看一下删除什么内容。首先，我把微信里面的内容删了；其次，我尽可能地删除邮件；最后，我把能不装的App全部卸载，只留下微信。但过两天，手机又会提醒内存已满。

当你把几乎能删掉，甚至好多以前觉得特别重要的东西全部删掉以后，就会有一种无比酸爽的感觉，因为你的手机运行得很顺畅。就这么一部实际上只有12G内存的手机，居然被我用了一年多，而我定期就要删除内容。

以前我以为，删除一些手机里的内容只不过是现代人无奈的表现之一。后来我发现，其实这可以有很高级的表述，《庄子》里叫“颜回的坐忘”——忘记那些最重要的东西，到最后连自己的身体都感觉没有了。

从现在起，删除所有不必要的东西

孔子问：“当你真正坐忘的时候是什么感觉呢？”颜回说：“离形去知，同于大通，此谓坐忘。”什么意思？颜回说：“当我把所有东西一项一项删除的时候，就感觉到自己的体系气脉运行得畅通，感受到自己呼吸吐纳的节奏和宇宙膨胀一呼一吸节奏之间的同频共振。”

为什么人会感受不到“物我两忘”的感觉呢？如果你跟整个宇宙的频率完全共振的时候，你当然就感受不到了。就像在看电影的时候，我们的眼睛是有粘连的，大脑是有短暂记忆的，所以一张二十四分之 秒闪过的照片，再接着一张二十四分之一秒出现的照片，在我们的眼中是流畅的，因为我们的大脑意识还活在慢速当中。如果我们接近于清零，删除掉很多在意识上的粘连物，那么我们可能就会跟这一帧一帧的图片出现同频，那时候你就看不见一个流畅的画面，而是看见一帧一帧的画面，甚至画面之中的空气。所以，当你看不见的时候，它就消失了。

删除真的是一个很有意思的话题，我们称之为“删除力”，在《庄子》里叫“坐忘力”。知乎上有一个关于删除的著名问题：“什么情况下，需要把朋友圈里面的那个人删除？”

试想一下，在你的朋友圈里面，有一个人哭天抢地群发消息，要你去给他的第一条微信点赞，为他儿子在幼儿园里面的表现摇旗呐喊。你犹豫了一下，终于觉得不好意思，奔赴过去要给他点赞的时候，发现那个人屏蔽了你，你说该删不该删？如果我们哪天把自己手机里面那些不知道真实姓名，又想不起来是“王二麻子”“李二狗”还是“陈三胖”的微信全部删掉，你会发现世界没有什么影响。然后，你又把手机里面拍的照片全部删掉，发现好像也没有什么。再然后，你把已下载的App逐一删除，开始可能会觉得不习惯，因为那些就是你的眼，是你的身体，但你最后还是把它们删掉了。慢慢慢慢地，你就会发现，其实反而获得了某种自由。

所以，**如果把颜回的“坐忘”放到现在，去找一个对应的行为艺术，就是“删除”，讲个庸俗的词叫“断舍离”**（这个词本来挺好，唯一的不好就是太多人讲，讲到让你觉得它让人不好意思提起，但的确是这样的）。**我们的大脑、我们的意识、我们的朋友圈等似乎已经过度加载了。**

一件事情到底该不该做的标准是什么

有一天，我和一个朋友聊天，讲到关于一件事情到底应不应该做的时候，他说："我有一个很好的标准。"我说："什么标准？"他说：**"对于我们现代人来说，如果你在犹豫一件事情该做不该做的时候，就坚定不做。但凡你还在犹豫，这只股票该买还是不该买，就不要买。"**

所以，这是一个很有趣的选择题。**只有真正让你根本不用想该不该去做的事情才去做，因为已经不需要费力去思考。**

我有一位朋友就有这样的经历，他说："我去一个楼盘看房子，总是在想到底该买不该买这套房子，有没有必要为了这套房子跟我老婆再离一次婚呢？”我说：“如果是这样的话你就不要。上一次，你为什么离婚？”他说：“上一次，我一看见那套房子，就觉得它是我梦中的房子，所以毫不犹豫地跟我老婆离了婚。关键是，我老婆也很喜欢，她也毫不犹豫地跟我离了婚。”只是为了买一套房子，两个人就可以做出这样决绝的判断。

所以，删除是我们现代人非常重要的能力和意识。

现在，请跟着我想象，有一只手点击了一下你大脑当中的屏幕，就看见右下角有一个“垃圾桶”的图标，然后点击一下那个垃圾桶，不管你现在脑子里面浮现出来的画面是什么，你都要删掉它，收进那个垃圾桶。这时候，你会发现浮现出一张脸——不管这张脸是你老公（老婆）的还是你孩子的，删除。你就会又看见一张脸，这张脸是你以为忘掉的人，而这个“程序”一直都在你的潜意识里默默地运行，再点击并删掉他。接着又会弹出一张脸，或者一个画面，应该是股市行情的那张图吧——很多人在睡前，都会看一看当天股票市场的行情，看看自己持仓的这几只股票又怎么样了，把这个画面也删掉。又弹出来的是今天做的PPT的画面吧，删掉。弹出来了公司女同事的画面，删掉。弹出来一个很帅的快递小哥的画面，删掉……删到现在你发现，你爹妈的画面还没出现，你难道不应该反省吗？

其实，我现在越来越相信一件事情，就是我们大部分人睡觉之前，没有把那些打开的页面关掉，就把手机关机了。实际上，那些程序可能还在运行。所以，应该在晚上关手机之前，先把曾经开过的窗口全部关掉。我越来越能够想象出来，在晚上睡觉之前，把当天打开过的页面逐一关掉，就犹如你需要在心里面把现在的念头、闪出来的画面都逐一关掉一样。只有关闭干净了，梦才会比较深甜。

不要怕删除，从明天早上开始，勇敢地强行退出两个朋友圈，删除十个人，你会发现你有一种快感。你突然看到，原来一些人在你的生活中没有那么重要，一些事情也没有那么重要，删干净了，你就坐忘成功了。

用孔夫子的话来说，“丘也请从而后也”。意思就是，我孔丘啊，也很希望像你这样达到完全删除的境界，让我跟随你找到那种大道的感觉吧。

幸好庄子在那时候讲了一则这样的故事，否则，我们还没有办法为微信上的各种删除，找到比较经典的注释。

没有精明，浪漫总是显得不那么有力量

我们讲过“意而子见许由”的故事，也讲过“颜回坐忘”的故事。每次读完《庄子》，我都问自己这样一个问题：“如果我真的像庄子描述的许由或者逍遥于方外的人那样生活，我能活吗？”

我联想到一件事，台湾诚品书店的创始人吴清友先生因心脏病离开了人世。可以说，台湾诚品书店是奠定小梁生活美学的基础之一。大概在十五年前第一次去台湾的时候，我就发现，原来知识分子可以这样创造美好生活。

诚品书店有大大小小五十家店，而且很多店的规模很大，甚至把书店开到医院里面，它已经成为华人的精神地标。很多人都说，这才是精神物质双丰收的结果。但是，你知不知道，吴先生创办诚品书店的时候，要亏多少钱都经过了他的精密计算。甚至在创办诚品书店之前，他就精准地把握住了台湾的房地产泡沫，靠炒楼赚了好多钱。有多少呢？多到即使一二十年诚品书店一直不赚钱，仍然可以经营下去的状态。不过，诚品书店的其他附加值还有很多。比如，由于吴先生把书店做成生活地标，他可以用很低的价格拿到地块，找到好的物业公司，甚至在苏州开发了一个巨大的商业地产项目。

我为什么要举这个例子？有篇文章在评价诚品的艺术美学如何得以生存的时候，讲到吴先生首先是一个精明的商人，因为**没有精明，浪漫总是显得不那么有力量。**

关于这件事情，我们每个人都要问自己，我们学习《庄子》之后会成为什么样的人？荀子说，每个人都要与时俱进。我们活在不同的时代，更何况我们并不了解庄子本人的生活状态，也不了解他所描述的那些神仙一样的人物真实的状况。所以，把《庄子》这本书掩上之后，小梁常常想，一个现代人应该如何既有入世的手法、经世济物的才能，又拥有方外的淡然——给我，理所当然；拿走，亦无所谓。这些想法可能折射出我们当下的状况。

父母太严格，儿女就不那么贴心了

尽管在《大宗师》里，庄子总是向我们描述一些很极端的人——丑到无边、有魅力到无与伦比。但是，在现实生活中的我们，还是应该让自己干净、整齐，拥有足够的智慧和能力，不至于令自己的生活窘迫，可以让父母安心，也让朋友放心。为什么让朋友放心呢？因为混微商界的人，就很难让朋友放心。上一篇讲到的“什么情况下，需要把朋友圈里面的那个人删除？”这个问题，知乎上其中一个答案是，如果这个人是做微商的。一旦朋友圈里面的人不小心去做微商之后，我都默默地对他们取消了关注。

话说回来，让父母安心，也让朋友放心，最起码还要让子女感到贴心。现在很多父母，喜欢对子女行进否定式的打击，时间长了，孩子阳奉阴违，回到家也算听话，到学校完全是另外一回事，我太了解这种人格了。

我妈一直认为我是一个胆子很小，从来没有做过坏事的人。其实，以前在工矿子弟小学的时候，我也是干过一些坏事的。比如，向茅坑里面扔大石块，啪的一声，你就听见那边哇的叫了一声。

我举这个例子是想说明，如果父母太严格，儿女就不那么贴心了，也不认为父母是自己的贴心好朋友。

我曾经问一位父亲："你是否有衡量做父母成功的标准？"他沉吟了半晌，说：**"无论儿女处于任何时期，他们都愿意把自己的问题、焦虑、烦恼等讲给你听，这其实是一种信任。"**

我们在讲，一个人在人间要活到让儿女贴心，让朋友放心，让父母安心，这其实是一种不那么原教旨主义

《庄子》的做法。

就像意而子见许由的时候，意而子说:“我在尧那里学会了入世的法门。现在，许由先生你告诉我，要恢复自己的真心，我可不可以在入世之后，重新踏在这个边界上学道呢？”庄子把这个故事放在《大宗师》的篇末，我觉得是有道理的。我隐隐地感觉，庄子是道家里面有一点儿偏儒家思想的人，而且他常常还略带表扬地去推崇孔子。

设置几个按钮，
活在若干个平行宇宙空间

我学习《庄子》以后，对孔老夫子有了别样的一番亲近感。以前，我觉得他讲好多规矩，他过得好累。其实，孔子是反过来的，也许他年轻的时候是有一点儿累，但他后来在和学生聊到该如何面对人世间的险恶，该如何让自己活得不那么累的时候，孔子是有一套完整的方法的。

所以，读完《大宗师》这一篇以后，小梁觉得作为一个现代人，可能采取一种平行宇宙规则是更好的。自动在自己的皮带上装几个虚拟按钮，需要成为在世间那个认真的演员时，你得知道如何让孩子获得应有的尊严和成长，这些都是人间世的技术活。不管庄子怎么说，我们必须这样。

与此同时，我们必须有另外一颗小按钮是留给自己的。有时候，我录完节目以后，很感谢万籁寂静的夜空。我静静地坐在那里，把头往后仰在沙发的靠背上（当你把头往后仰，靠在沙发的靠背上时，很有可能会在十秒之内打哈欠，不相信的话你可以试一下）。如果你没有在沙发上坐着，而是睡在床上，你可以把头伸到床侧面的外面，让自己的头仰起来，你会发现，你的另外一套系统启动了。一刹那间，你可以成为一个心游于世间方外的“散人”。

或许，每一个当代人，活在若干个平行宇宙空间，并且随时觉察出自己“我可以去这儿，我现在在这儿”，才是一种更好的方式。

我去见宗萨蒋扬钦哲仁波切的时候，发现他不会刻意穿砖红色像僧袍一样的服装。有时候，他会戴皮帽子，甚至也会穿不让人产生距离感的服装。我认为，宗萨蒋扬钦哲仁波切很好地给我们做了一个示范，真正修佛法的人应该怎样在日常生活中修行。

另外，我也认识一些比较自在入法的朋友，他们会很随喜、自然。任何时候，他们都不会表现出一丝不快。如果有青菜炒肉，他们就吃里面的青菜。需要穿运动服的时候，他们也可以很具有动感，让人看起来很舒服。当他们穿中式衣服的时候，你仍然觉得他们脸上的神情是安定的，一点儿也不妨碍他们在投资和管理上的精进。

我有一位朋友，他出差的时候会带两双鞋，有的场合他会穿一双皮鞋，有的场合他会穿一双布鞋，让自己不与他人形成某种隔阂，并且不让自己的身份角色对他人形成某种隐隐的压力。这难道不更符合《庄子》原来的精神吗？因为**当我们以某种不适合的表情、语言、服装、发型，以及心智模式进入这个场景的时候，其实是另外一种我执。**

唯其小，
才能在每个场合里都能够游刃有余

快学完《大宗师》这一篇的时候，我越来越觉得，庄子生活的时代和我们生活的时代，略有不同。其中，最大的不同就是在庄子那个时代，人对环境的影响很小，大自然对环境的影响很大。而我们现在生活的世界，人工创造的环境就已经是自然的一部分了。比如，你去诚品书店，会发现那儿的植物比很多森林里面的植物更像是真的。其实，这种对于分寸的把握，是对于时间维度的敏感，和对自己内在的自我不那么坚持的外化。

一言以蔽之，如果你像庄子，而不那么像佛教徒、成功人士、贤妻良母，你就让人感到舒服了，相信你自己也会舒服。

《大宗师》跟我们讲的是，要向大自然学习的况味。现如今，我们的自然在很大程度上，包含了我们的社会生活。**在合适的时候，成为一个合适的人，让自己的生命剥离出若干层自我，在每个场合里都能够游刃有余。**唯其小，才能够游于无间。《养生主》里说“以无厚入有间”，**把自己强大的“我是谁”的观念慢慢淡化掉以后，变成我是“我们”的时候，或者“我们是谁”的时候，让自己内在的多个自我都能够成长出来，和光同尘，你会在这样的人间获得更多逍遥。**

大宗师

如果你接受你的宿命，
那么你就安贫乐道；
如果你不接受你的宿命，
那么你就抓紧时间改变环境。

第十七章

多余的欲望只会带来多余的烦恼

原典

子舆与子桑友。而霖雨十日，子舆曰：『子桑殆病矣！』裹饭而往食之。至子桑之门，则若歌若哭，鼓琴曰：『父邪？母邪？天乎？人乎？』有不任其声而趋举其诗焉。

子舆入，曰：『子之歌诗，何故若是？』

曰：『吾思夫使我至此极者而弗得也。父母岂欲吾贫哉？天无私覆，地无私载，天地岂私贫我哉？求其为之者而不得也。然而至此极者，命也夫！』

万般皆是命吗

“子舆与子桑友”——子舆和子桑是好朋友。“而霖雨十日”——有一次连续下了十天的大雨。子舆就说：“看来我的好朋友子桑要得病了。”他知道子桑身体不好，家里又穷，而且下雨天，他肯定没有办法找吃的。于是，子舆就包了一些饭食，“往食之”——去给朋友送饭。

到子桑家门口的时候，子舆听见有人在里面“若歌若哭”——又像在唱歌，又像在哭泣。他听见子桑在里面唱道：“苍天哪、爹呀、妈呀、人哪。”子舆听见子桑的声音，知道他是极其疲惫了，“不任其声”——他已经没有办法用中气托住声音，显得气息很急促，全然不成调子。

子舆走了进去，问："子桑啊，你怎么唱得有气无力，这么哀伤？"子桑说："我在推想是谁令我如此穷困，可我想不出来。这事儿不是我爸我妈导致的吧。天地包容万物，没有偏私的心。但是，没有偏私心的天地，为什么却单单令我如此穷困呢？我想来想去都想不明白，到底为什么我会这么穷，看来这是我的命吧！"

冯学成老师在《禅说庄子》中讲道："'命也夫'，知其无可奈何就要安之若命。我们要知道，很多事情都是无可奈何的，你千万别以为自己是大英雄、大豪杰，一切都在你的控制中。我要这样料理，那样料理，等待你的往往就只是失望，往往是哀叹而已。"

庄子用这个故事结束了《大宗师》。

每一个人的命都很奇怪，可以改变吗

拜时代所赐，当今，中国人已经不至于家徒四壁，饿到十天没饭吃，连说话的力气都没有了。有时候，我去农村，甚至看到很严重的浪费现象。所以，当我们现在来讨论“穷”这件事情时，多少有一点儿违和感。

但是，你知道吗？地球上每一分钟有许许多多人还可能被饿死。当然，地球上每天因为吃得太好而死的可能性已经比饿死的可能性大多了。

那么，到底是什么令一个人呈现出这样的生命状态？其实，在最后这个故事里面，庄子讲的不是穷而是命，讲的是每个人都有奇怪的、独特的命运轨迹。只不过碰巧子桑是穷困潦倒，而另外一个人可能是跟着亲戚朋友去野生动物园玩，不小心被老虎吃了——各种命运都很奇怪。

问题就是，你怎么看待你的命？**如果坦诚一点儿的话，每个人不得不承认，其实命运仍然以某种奇怪的方式在左右着我们的状态。**

当年我们高考的时候，投胎在北京的同学，就可以比我们少一百多分，和我们读同样的学校。但我们还不是最糟糕的，一些人不小心投胎到湖北或山东这些省份，他们的成绩比我们还高一百多分。难道这不是命吗？

还有一些人，当年在深圳打工的时候，他们听说有一家互联网公司，也不见得能发出多高的工资，只不过没其他的工作可做，于是应聘加入了这家公司，并跟着这家公司一起往前走。再后来，当大家都说这家叫“腾讯”的公司多么厉害的时候，他们才幡然醒悟，原来自己进入了腾讯。

这样的故事也可能发生在华为、招商银行、万科、平安，乃至各种奇特的环境里。一个人怎么知道自己在那时候，走进去填了一份表，按了一个手印，就加入了这家公司呢？基本上，不太笨，不太懒，也不太坏，而且这个人还忘记了怎么卖股票，就一直没有卖过他的股票，所以到现在也许他四十岁以前就财务自由，可以退休了。这难道不是命吗？

台湾有一位著名的广告人孙大伟，他说命真是一个很奇怪的东西，比如，早年有一个人走在街上，看见一个地方招募人过来写个字，然后就给两个馒头吃，他就去了，因为当时饿疯了。结果，在那个地方，他就认识了一帮朋友，然后开始南征北战，最后戎马一生。当他成为一个将军，坐在小楼里面仰望星空的时候，想到当年招他进去的地方就是黄埔军校，他一定也会觉得，命是一个很奇妙的东西。

我们每个人都可以花一点儿时间去想，到底该如何看待自己的命。

我们可以改变命吗？命就是拿起来的一副牌。如果

你当时坐在牌桌的东南位，正好处在财位，也许那天你打牌就打得还不错。一命二运三风水，看来命仍然是排在第一权重的东西。

如果你不能改变父母、时代，那就改变你的小环境

什么叫命？我们以前认为命是版本。其实，在某个维度上来说，命和时间紧紧相连。命是三个维度的集合。

第一个维度是时代，甚至精确到你出生的时间。同样一对父母生出来的两个人，他们的性格完全不同，差别就是出生时间不同。

第二个维度是父母，包括他们遗传给你的一切。

第三个维度是环境。

你是出生在中国、叙利亚还是朝鲜，的确对你的影响很大。时代和父母没得选。环境在你的前半生是不能选择的，也受到父母等种种因素的影响。假设时间、空间和个人因素在影响一个人一生的命中各占三分之一的话，大部分人时间和空间所占的百分之六十六，以及个人因素的百分之三十三的前三分之一也就是百分之十一，加起来是百分之七十七左右，其实已经是定了的。

如果你能够在生命的前三分之一“立地觉醒”，挣脱环境对你的影响，也许你可以改变一部分命——在空间百分之三十三权重里面除掉前面的百分之十一，还有百分之二十二你可以改变。前提就是，如果你的有效生命是八十八岁，在快三十岁那一年，你的决定对你一生的命来说，是至关重要的，进入可以部分定制的生命轨道。

如果你已经快六十岁的话，对于你来说，所有命的百分之七十七到百分之八十八范畴已经被定好了。基本上，如果一个人六十岁的时候，还没有什么变化的话，大致而言，这一辈子可操作部分的三分之二已去，操作空间幅度已经很小。

好多很重要的事情的原理其实也很简单，要多么努力才能投胎成为一个人？多么不容易才能投胎到中国？

从三十岁到现在你已经浪费了多少年？如果你还想抓住自己可改变命运的尾巴的话，请在六十岁前完成。拿六十这个数字减一下现在你的生命时刻。假设你现在三十四岁的话，八千多天时间，你要在多大程度上改变你的命呢？其实，已经很小了。

我估计，庄子写《大宗师》这一篇文章的时候，他已经过了可以改变自己命运的年纪。你可以理解他的态度是，不要折腾了，多余的欲望只会带来多余的烦恼。但是，你不一样，我不一样，你我都没有处在庄子那个时代，我们还有一点儿机会去调整。

如果你不能改变父母，也不能改变你出生的时代，你起码可以改变你的小环境。

“人生如鼠，不在仓，则在厕”

在读《大宗师》的时候，我在庄子的“宿命论”里还是希望读到一些“超越宿命”的东西。宿便都可以排出啦，更何况宿命呢？当然很多人说自己拿宿便一点儿办法都没有，那么，你也不是一个能改变宿命的人。

你可以在一个有星星的夜晚抬头看天空，你看到的一颗星星发出来的光，可能是庄子那个年代这颗星发出来的光。难道你不觉得我们可以和庄子之间有某种联系吗？难道你不觉得这种联系可以帮助你产生一种奇妙的幻想吗？

这个幻想就是，庄子莫名其妙地用一种奇怪的方式告诉你：**如果你接受你的宿命，那么你就安贫乐道；如果你不接受你的宿命，那么你就抓紧时间改变环境。**

我想给大家讲一个我最喜欢的故事。有一天，一个叫李斯的粮仓管理员，在茅坑里蹲着的时候，他看见茅坑里的老鼠的眼中，泛着恐惧而无助的泪光。他就想到了粮仓里面的老鼠，因为吃了很多粮食，眼睛里面都带着刚从高尔夫球场下来的富足感。

李斯瞬间理解了一句话——“人生如鼠，不在仓，则在厕”。人生啊，就和老鼠一样，其实大家的命运都差不多，只不过有些在厕所里面待着，有些在粮仓里面待着。于是，他回去对他的老婆说：“你看好家，我出去一会儿。”但是，他再也没有回来过。后来，他拜访了荀子，成为了荀子的学生。再后来，他成为秦国的宰相。最终，他被腰斩，暴尸街头，这就是他决定改变自己命运后的一系列变化。

我讲这个故事并不是想说明什么，只是想告诉你，改变命运要从改变你的环境开始。但是，改变未来的深远影响未必是你现在能够理解的，仅此而已。

孔子温暖、善良、讲规矩，而庄子“圣人不辩”

现在，我们算是把《大宗师》囫囵吞枣地学了一遍。你有没有发现，其实，《大宗师》好像是一个没什么创意的故事，都不叫连载，甚至可以叫“故事重复集”——几句话就讲完了。一群很丑、很穷、很奇怪的人以一种精神上的藐视，去调侃平凡的众生。最后，有些人死了，有些人更穷了。

在庄子眼里，孔子可以称得上是相当学霸型的人物了，没有他不懂的。他会做菜，“食不厌精，脍不厌细”；会算命，打起卦来一套一套的，只不过号称君子不沾；会韬略，对政治、经济都有一番很系统的思考；拿起笔来，可以写《政府工作报告》。而且，他应该也蛮受女青年欢迎的；他的门生很多，一度建立了鲁国最大的“政党”——门生三千，也是一方政治势力。

当然，孔老师折腾到老的时候，也很沮丧，最后回归到做知识分子应该做的事情——收集知识、整理知识、创作知识、传播知识，于是成为万圣师表。

小梁个人认为，经过两千多年，孔老师对中国社会的影响，主要来自他退休后带着一帮同学在创作上所构建出来的影响力，构成了中国人性格的一面——温暖、善良、有规矩。

反观庄周，他没有那么折腾。起码他在文章里面说，曾经有人让他出来做官他不做。他也没有特别多的学生，也不用考虑哪个学生死了之后自己有多么痛苦（颜回死的时候，孔子相当痛苦）。他有著名的学生吗？没有。他有多累吗？估计不会太累，最多就是没有吃饱饭时的气若游丝，但没有饿死，至少八十岁前，他都没有饿死。

偶尔，他跟一个做宰相的朋友惠施打打嘴炮，两个人辩论一下，然后又说辩论是低级的，不辩论才是高级的——“圣人不辩”，既不辨别，也不辩论。但是，当他那个辛辛苦苦做宰相的朋友惠施死了之后，庄子站在他的坟头，一边怅然若失，一边继续回家写惠施的种种故事。

历史就这样被他书写了。虽然惠施有“坚白之辩才”，有在逻辑形式、逻辑推演，甚至逻辑架构上的常识，本来也能成为很伟大的人物，放在西方，估计也是亚里士多德般的哲学家。但实际上，后来有多少人真正知道他呢?

结果一样，孔子和庄子的“心智模式成本”谁更高

庄子反正就是饱一顿饿一顿，虽然不是很爽，但肯定不会太累。两千多年来，他对中国人心智模式的影响，应该也不弱于孔子。

如果说孔子是一只股票，庄子是一只股票，或者他们是两家上市公司，他们在人们心目当中的市值——意识份额，应该差不太多，但成本是不一样的。很显然，从辛苦交汇于茫然不知所措这类心智的劳务成本而言，庄子是低得多的。翻译成一句大家都能够理解的话就是，这两只股票，一只业务很累、投入很大的市值，和

另外一只自己涨、不那么作的结果差不多。

由于庄子生活的年代比孔子晚一点儿，他甚至还有大把机会，随时请出孔子和他的学生颜回，来免费出演男主角，他想用谁的名字编故事就用谁的名字。

庄子主要精神在内篇，不到十万字。刻在木板上，或者编成歌谣之后，朗朗上口，传给他的弟子。他这辈子的主要工作，应该就是文字创作和思想传播吧。

我为什么要讲这两个故事？我想讲的是，庄子在《大宗师》里面提到一个话题——**人是不是要真正接受自己的命。**

庄子的解决方案就是把无奈、丑、没钱等屌丝状态，用一种逍遥的语言哲学化、高级化。事实上，这也未尝不是一种生活的策略。

也许我有点儿小人之心，但是，你站在两千年的大格局来看，似乎庄子选择了一条性价比更高的策略，用更低的能耗，创造了更大的价值。你很难说，哪个策略是对的。

你想做一个改变世界的人
还是一个改变世界观的人

在现实生活中，我们都知道，当年和乔布斯一起创办苹果公司的斯蒂夫·沃兹尼亚克，早早就离开了苹果公司，他的股票也不值多少钱。但是，乔布斯天天发脾气，力挽狂澜——一个人要改变世界，必定要付出巨大的心智能量，最后留下一家拥有巨大财富的公司。

现在还有人知道乔布斯，是因为我们还在用他的iPhone等产品，等再过十年、十五年、二十年呢？也许那个当年和他一起创办苹果公司的朋友还活得不错，甚至可以写一本回忆录来重新书写那一段历史。估计他以后还是会很快乐，甚至五年到十年以后，他可以重新书写一些现在无法讲的东西。一百年之后，人们对于这家公司曾经发生过的故事，可能以这位斯蒂夫·沃兹尼亚克先生写的版本为准。

再过几百年，人们会忘记当年曾经存在过的那款手机，就像你根本不知道在孔子所处的时代，流行什么样的车型——什么样的马，拖着什么样的车……当时，孔子多么喜欢某个版本的古琴（为此他的学生甚至去割肾都不一定）……

最后，那些东西都会消失。我们在看《大宗师》的时候，先要看到的是，庄子活在一个让人极其无奈的时代，一个人几乎很难改变自己的命运。所以，他的建议是，**如果你不能改变命运，就改变你的命运观。你就用一种更高冷的方式，更精神碾轧胜利者的方式，在窘迫而无奈的人生中活着，但你可以依然保持自己的精神能量。**

庄子活了八十多岁，孔子活了七十多岁。我们活到今天可以不像庄子和孔子那样，我们可以做很多事情去改变世界。你可以创立公司，你可以向乔布斯学习，你可以用各种PPT去融资，如果你真的有很好的团队、执行力、想法以及运气的话，你会很辛苦地折腾各种事情，也许改变了世界。但是，放在一个更长的历史时期来看，对你而言，什么是最重要的呢?

从这一点上来说，也许每个人都可以问自己一个问题——**在今天这个时代，我是应该选择接受自己的生命安排，通过自己的意识重塑，给这样的生命赋予意义。还是选择血脉偾张、昼伏夜出、加班加点，通过不断沟通，努力做一个不一样的自己，我命在我不在天。**

这是两个不同的策略。《大宗师》给出的建议是套餐A，但不一定是标准答案。

我们今天读《大宗师》的时候，应该有一种态度，就是提问的态度，你选择套餐A，还是套餐B？**你是成为一个在心里面改变了自己世界观的人，还是让自己成为一个改变世界的人?**

这仅仅是一个选择。庄子未必能给你标准答案，我只能给你两个可能性。

《庄子·内篇·大宗师》

知天之所为，知人之所为者，至矣！知天之所为者，天而生也；知人之所为者，以其知（zhì）之所知（zhī），以养其知（zhì）之所不知（zhī），终其天年而不中道夭者，是知之盛也。虽然，有患。夫知有所待而后当，其所待者特未定也。庸讵知吾所谓天之非人乎？所谓人之非天乎？且有真人而后有真知。

何谓真人？古之真人，不逆寡，不雄成，不谟（mó）士。若然者，过而弗悔，当而不自得也。若然者，登高不慄，入水不濡，入火不热。是知之能登假于道者也若此。

古之真人，其寝不梦，其觉无忧，其食不甘，其息深深。真人之息以踵，众人之息以喉。屈服者，其嗌（ài）言若哇。其耆欲深者，其天机浅。

古之真人，不知说生，不知恶死。其出不䜣，其入不距。翛（xiāo）然而往，翛然而来而已矣。不忘其所始，不求其所终。受而喜之，忘而复之。是之谓不以心捐道，不以人助天，是之谓真人。若然者，其心忘，其容寂，其颡（sǎng）頯（kuí）。凄然似秋，暖然似春，喜怒通四时，与物有宜而莫知其极。故圣人之用兵也，亡国而不失人心；利泽施乎万世，不为爱人。故乐通物，非圣人也；有亲，非仁也；天时，非贤也；利害不通，非君子也；行名失己，非士也；亡身不真，非役人也。若狐不偕、务光、伯夷、叔齐、箕子、胥馀、纪他、申徒狄，是役人之役，适人之适，而不自适其适者也。

古之真人，其状义而不朋，若不足而不承；与乎其觚（gū）而不坚也，张乎其虚而不华也；邴（bǐng）邴乎其似喜也，崔崔乎其不得已也。滀（chù）乎进我色也，与乎止我德也，广乎其似世也，謷乎其未可制也，连乎其似好闭也，悗（mèn）乎忘其言也。以刑为体，以礼为翼，以知为时，以德为循。以刑为体者，绰乎其杀也；以礼为翼者，所以行于世也；以知为时者，不得已于事也；以德为循者，言其与有足者至于丘也，而人真以为勤行者也。故其好之也一，其弗好之也一。其一也一，其不一也一。其一与天为徒，其不一与人为徒，天与人不相胜也，是之谓真人。

死生，命也；其有夜旦之常，天也。人之有所不得与，皆物之情也。彼特以天为父，而身犹爱之，而况其卓乎！人特以有君为愈乎己，而身犹死之，而况其真乎！

泉涸，鱼相与处于陆，相呴（xǔ）以湿，相濡（rú）以沫，不如相忘于江湖。与其誉尧而非桀也，不如两忘而化其道。

夫大块载我以形，劳我以生，佚我以老，息我以死。故善吾生者，乃所以善吾死也。夫藏舟于壑，藏山于泽，谓之固矣！然而夜半有力者负之而走，昧者不知也。藏小大有宜，犹有所遁。若夫藏天下于天下而不得所遁，是恒物之大情也。特犯人之形而犹喜之。若人之形者，万化而未始有极也，其为乐可胜计邪？故圣人将游于物之所不得遁而皆存。善妖善老，善始善终，人犹效之，又况万物之所系而一化之所待乎！

夫道有情有信，无为无形；可传而不可受，可得而不可见；自本自根，未有天地，自古以固存；神鬼神帝，生天生地；在太极之先而不为高，在六极之下而不为深，先天地生而不为久，长于上古而不为老。狶（xī）韦氏得之，以挈（qiè）天地；伏戏氏得之，以袭气母；维斗得之，终古不忒（tè）；日月得之，终古不息；堪坏得之，以袭昆仑；冯夷得之，以游大川；肩吾得之，以处大山；黄帝得之，以登云天；颛顼（zhuān xū）得之，以处玄宫；禺强得之，立乎北极；西王母得之，坐乎少广，莫知其始，莫知其终；彭祖得之，上及有虞，下及五伯；傅说得之，以相武丁，奄有天下，乘东维，骑箕尾，而比于列星。

南伯子葵问乎女偊（yǔ）曰：“子之年长矣，而色若孺子，何也？”

曰：“吾闻道矣。”

南伯子葵曰：“道可得学邪？”

曰：“恶！恶可！子非其人也。夫卜梁倚有圣人之才而无圣人之道，我有圣人之道而无圣人之才。吾欲以教之，庶几其果为圣人乎！不然，以圣人之道，告圣人之才，亦易矣。吾犹守而告之，参日而后能外天下；已外天下矣，吾又守之，七日而后能外物；已外物矣，吾又守之，九日而后能外生；已外生矣，而后能朝彻；朝彻，而后能见独；见独，而后能无古今；无古今，而后能入于不死不生。杀生者不死，生生者不生。其为物，无不将也，无不迎也，无不毁也，无不成也。其名为撄（yīng）宁。撄宁也者，撄而后成者也。”

南伯子葵曰：“子独恶乎闻之？”

曰：“闻诸副墨之子，副墨之子闻诸洛诵之孙，洛诵之孙闻之瞻明，瞻明闻之聂许，聂许闻之需役，需役闻之於讴，於讴闻之玄冥，玄冥闻之参寥，参寥闻之疑始。”

子祀、子舆、子犁、子来四人相与语曰：“孰能以无为首，以生为脊，以死为尻（kāo）；孰知死生存亡之一体者，吾与之友矣！”四人相视而笑，莫逆于心，遂相与为友。俄而子舆有病，子祀往问之。曰：“伟哉，夫造物者将以予为此拘拘也。”曲偻（lóu）发背，上有五管，颐隐于齐，肩高于顶，句赘指天。阴阳之气有沴（lì），其心闲而无事，跰𨇤（pián xiān）而鉴于井，曰：“嗟呼！夫造物者又将以予为此拘拘也。”

子祀曰：“女恶之乎？”

曰：“亡（wú），予何恶！浸假而化予之左臂以为鸡，予因以求时夜；浸假而化予之右臂以为弹，予因以求鸮炙；浸假而化予之尻以为轮，以神为马，予因以乘之，岂更驾哉！且夫得者，时也；失者，顺也。安时而处顺，哀乐不能入也，此古之所谓县解也。而不能自解者，物有结之。且夫物不胜天久矣，吾又何恶焉！”

俄而子来有病，喘喘然将死。其妻子环而泣之。子犁往问之，曰：“叱！避！无怛（dá）化！”倚其户与之语曰：“伟哉造化！又将奚以汝为？将奚以汝适？以汝为鼠肝乎？以汝为虫臂乎？”

子来曰：“父母于子，东西南北，唯命之从。阴阳于人，不翅于父母。彼近吾死而我不听，我则悍矣，彼何罪焉？夫大块载我以形，劳我以生，佚我以老，息我以死。故善吾生者，乃所以善吾死也。今大冶铸金，金踊跃曰：‘我且必为镆铘（mò yé）！’大冶必以为不祥之金。今一犯人之形而曰：‘人耳！人耳！’夫造化者必以为不祥之人。今一以天地为大炉，以造化为大冶，恶乎往而不可哉！”成然寐，蘧（qú）然觉。

子桑户、孟子反、子琴张三人相与友，曰：“孰能相与于无相与，相为于无相为？孰能登天游雾，挠挑无极，相忘以生，无所终穷？”三人相视而笑，莫逆于心。遂相与为友。

莫然有间，而子桑户死，未葬。孔子闻之，

使子贡往侍事焉，或编曲，或鼓琴，相和而歌曰：“嗟来桑户乎！嗟来桑户乎！而已反其真，而我犹为人猗！”子贡趋而进曰：“敢问临尸而歌，礼乎？”

二人相视而笑曰：“是恶知礼意！”

子贡反，以告孔子曰：“彼何人者邪？修行无有，而外其形骸，临尸而歌，颜色不变，无以命之。彼何人者邪？”

孔子曰：“彼游方之外者也，而丘游方之内者也。外内不相及，而丘使女往吊之，丘则陋矣！彼方且与造物者为人，而游乎天地之一气。彼以生为附赘县疣（xuán yóu），以死为决疣（huàn）溃痈（yōng），夫若然者，又恶知死生先后之所在！假于异物，托于同体；忘其肝胆，遗其耳目；反复终始，不知端倪；芒然彷徨乎尘垢之外，逍遥乎无为之业。彼又恶能愦（kuì）愦然为世俗之礼，以观众人之耳目哉！”

子贡曰：“然则夫子何方之依？”

孔子曰：“丘，天之戮民也。虽然，吾与汝共之。”

子贡曰：“敢问其方？”

孔子曰：“鱼相造乎水，人相造乎道。相造乎水者，穿池而养给；相造乎道者，无事而生定。故曰：鱼相忘乎江湖，人相忘乎道术。”

子贡曰：“敢问畸（jī）人。”

曰：“畸人者，畸于人而侔于天。故曰：天之小人，人之君子；人之君子，天之小人也。”

颜回问仲尼曰：“孟孙才，其母死，哭泣无涕，中心不戚，居丧不哀。无是三者，以善处丧盖鲁国，固有无其实而得其名者乎？回壹怪之。”

仲尼曰：“夫孟孙氏尽之矣，进于知矣，唯简之而不得，夫已有所简矣。孟孙氏不知所以生，不知所以死。不知就先，不知就后。若化为物，以待其所不知之化已乎！且方将化，恶知不化哉？方将不化，恶知已化哉？吾特与汝，其梦未始生命觉者邪！且彼有骇形而无损心，有旦宅而无情死。孟孙氏特觉，人哭亦哭，是自其所以乃。且也相与‘吾之’耳矣！庸讵知吾所谓‘吾之’乎？且汝梦为鸟而厉乎天，梦为鱼而没于渊。不识今之言者，其觉者乎？其梦者乎？造适不及笑，献笑不及排，安排而去化，乃入于寥天一。”

意而子见许由，许由曰：“尧何以资汝？”

意而子曰：“尧谓我：‘汝必躬服仁义而明言是非。’”

许由曰："而奚来为轵（zhǐ）？夫尧既已黥（qíng）汝以仁义，而劓（yì）汝以是非矣。汝将何以游夫遥荡恣睢转徙之涂乎？"

意而子曰："虽然，吾愿游于其藩。"

许由曰："不然。夫盲者无以与乎眉目颜色之好，瞽者无以与乎青黄黼黻（fǔ fú）之观。"

意而子曰："夫无庄之失其美，据梁之失其力，黄帝之亡其知，皆在炉捶之间耳。庸讵知夫造物者之不息我黥而补我劓，使我乘成以随先生邪？"

许由曰："噫！未可知也。我为汝言其大略：吾师乎！吾师乎！䪡（jī）万物而不为义，泽及万世而不为仁，长于上古而不为老，覆载天地、刻雕众形而不为巧，此所游已！"

颜回曰："回益矣。"

仲尼曰："何谓也？"

曰："回忘仁义矣。"

曰："可矣，犹未也。"

他日复见，曰："回益矣。"

曰："何谓也？"

曰："回忘礼乐矣！"

曰："可矣，犹未也。"

他日复见，曰："回益矣！"

曰："何谓也？"

曰："回坐忘矣。"

仲尼蹴（cù）然曰："何谓坐忘？"

颜回曰："堕肢体，黜（chù）聪明，离形去知，同于大通，此谓坐忘。"

仲尼曰："同则无好也，化则无常也。而果其贤乎！丘也请从而后也。"

子舆与子桑友。而霖雨十日，子舆曰："子桑殆病矣！"裹饭而往食之。至子桑之门，则若歌若哭，鼓琴曰："父邪？母邪？天乎？人乎？"有不任其声而趋举其诗焉。

子舆入，曰："子之歌诗，何故若是？"

曰："吾思夫使我至此极者而弗得也。父母岂欲吾贫哉？天无私覆，地无私载，天地岂私贫我哉？求其为之者而不得也。然而至此极者，命也夫！"

梁冬

正安康健创始人、正安自在睡觉创始人、冬吴文化创始人。

师承国医大师邓铁涛先生、中医大家李可先生，同时也是中医大师郭生白先生的入室弟子。

《生命·觉者》系列纪录片出品人及访谈人。电台节目《冬吴相对论》、《梁注庄子》、《睡睡平安》，电视节目《国学堂》出品人及主讲人。

出版图书《梁冬说庄子》系列、《处处见生机》、《唐太宗的枕边书——梁言群书治要》、《欢喜》、《无畏》、《黄帝内经》系列、《相信中国》等。

感谢喜马拉雅建军、小雨、兴仁团队对本书的大力支持
感谢夏、志、思同学对本书的倾情付出

图书在版编目（CIP）数据

梁冬说庄子·大宗师 / 梁冬著. – 广州：广东人民出版社, 2018.8（2023.10重印）

ISBN 978-7-218-13063-7

Ⅰ. ①梁…　Ⅱ. ①梁…　Ⅲ. ①道家②《庄子》– 研究　Ⅳ. ①B223.55

中国版本图书馆CIP数据核字(2018)第153367号

LIANG DONG SHUO ZHUANG ZI　DA ZONG SHI

梁冬说庄子·大宗师

梁冬　著

出 版 人：肖风华

责任编辑：严耀峰　李辉华

责任技编：周　杰　易志华

监　　制：黄　利　万　夏

特约编辑：马　松　谭希彤

营销支持：曹莉丽

装帧设计：紫图装帧

出版发行：广东人民出版社

地　　址：广东省广州市越秀区大沙头四马路10号（邮政编码：510199）

电　　话：(020)85716809(总编室)

传　　真：(020)83289585

网　　址：http: //www.gdpph.com

印　　刷：北京中科印刷有限公司

开　　本：880mm × 1230mm　1/32

印　　张：14.25　　字　　数：210千

版　　次：2018年8月第1版

印　　次：2023年10月第4次印刷

定　　价：99.00元

售书热线：（020）87716172

大宗师

梁冬 说庄子

钦定四库全书《庄子·大宗师》手抄本

莊子內篇大宗師第六

雖天地之大萬物之富其所宗而師者無心也○音義曰崔云遺形忘生當大宗此法也

知天之所為知人之所為者至矣知天人之所為者皆自然也則內放其身而外冥於物與衆玄同任之而無不至也知天之所為者天而生也天者自然之謂也夫為為者不能為而為自為耳為知者不能知而知自知耳自知耳不知也不知也則知出於不知矣自為耳不為也不為也則為出於不為矣為出於不為故以不為為主知出於不知故以不知為宗是故真人遺知而知不為而為自然而生坐忘而得故知稱絶而為名去也○天而生向崔本作失而生稱尺證反知人之所為者以其知之所知以養其知之所不知終其天

年而不中道天者是知之盛也人之生也形雖七尺而五常必具故雖區區之身乃舉天地以奉之故天地萬物凡所有者不可一日而相無也一物不具則生者無由得生一理不至則天年無緣得終然身之所有者知或不知也理之所存者為或不為也故知之所知者寡而身之所有者衆為之所為者少而理之所存者博在上者莫能器之而求其備焉人之所知不必同而所為不敢異異則偽成矣偽成而真不喪者未之有也或好知不倦以困其百體所好不過一枝而舉根俱弊斯以其所知而害所不知也若夫知之盛也知人之所為者有分故任而不強也知人之所知者有極故用而不蕩也故所知不以無崖自困則一體之中知與不知闇相與會而俱全矣斯以其所知養所不知也○喪息浪反下皆同好呼報反下同彊其兩反雖然有患雖知盛未若遺知任天之無患也夫知有所待而後當

夫知者未能無可無不可故必有待也若乃任天而生者則遇物而當也其所待者特未定
也有待則無定也庸詎知吾所謂天之非人乎所謂人之非天
乎我生有崖天也心欲益之人也然此人之所謂耳物無非天也天也者自然也人皆自然則治亂成敗遇
與不過非人為也皆自然耳〇詎徐其庶反治直吏反且有真人而後有真知有真
人而後天下之知皆得其真而不可亂也何謂真人古之真人不逆寡凡寡皆不
逆則所順者衆不雄成不恃其成而處物先不謩士縱心直前而羣士自合非謀謩以致之〇
謩沒乎反若然者過而弗悔當而不自得也直自全當而無過耳非以得失
經心若然者登高不慄入水不濡入火不熱是知之能登

假於道也若此言夫知之登至於道者若此之遠也理固自全非畏死也故眞人陸行而非避濡也遠火而非逃熱也無過而非措當也故雖不以熱為熱而未嘗赴火不以濡為濡未嘗蹈水不以死為死未嘗喪生故夫生者豈生之而生哉成者豈成之而成哉故任之而無不至者眞人也豈有槩意於所遇哉○慄音栗濡而朱反假更百反至也遠于萬反槩古愛反**古之眞人其寢不夢**無意想也**其覺無憂**當所遇而安也○覺古孝反**其食不甘**理當食耳**其息深深眞人之息以踵**乃在根本中來○深深李云内息之貌踵章勇反王穆夜云起息於踵遍體而深**衆人之息以喉屈服者其嗌言若哇**氣不平暢○喉向云喘悸之息以喉為節言情欲奔競所致嗌音益郭音厄厄咽喉也哇獲媧反徐胡卦反又音絓崔一音於佳反結也言咽喉之

氣結礙不通也簡文云哇嘔也其耆欲深者其天機淺深根寧極然後反一無欲○耆
市志反古之眞人不知說生不知惡死與化為體○說音悅惡烏路反其
出不訢其入不距泰然而任之○訢音欣又音祈距本又作拒音巨李云欣出則營生距入則惡
死翛然而往翛然而來而已矣寄之至理故往來而不難○翛然音蕭本又作
儵倏音叔郭與久反李音悠向云翛然自然無心而自爾之謂郭崔云往來不難之貌司馬云儵疾貌李同
不忘其所始不求其所終終始變化皆忘之矣豈直逆忘其生而猶復探求死意也
○復扶又反下非復同也受而喜之不問所受者何物遇之而無不適也忘而復之復之
不由於識乃至是之謂不以心捐道不以人助天是之謂眞人

人生而靜天之性也感物而動性之欲也物之感人無
窮人之逐欲無節則天理滅矣眞人知用心則背道助
天則傷生故不爲也○揹徐以全反郭作揹　若然者其
一入反崔云或作揖所以行舟也背音佩
心志所居而安爲志其容寂雖行而無傷於靜○容寂本亦作家崔本作宗其顙頯大顙
朴之貌○頯息黨反崔云頯也頯徐去軌反郭苦對反
李音逵一音逵權也王云質朴無飾也向本作頯云頯
然大朴貌廣雅云　淒然似秋殺物非爲威也　煖然似春
頯大也五罪反　○淒七西反
生物非爲仁也○　喜怒通四時夫體道合變者與寒暑
煖音暄徐況晚反　同其溫嚴而未嘗有心
也然有溫嚴之貌生殺　與物有宜而莫知其極無心於
之節故寄名於喜怒　物故不
李物宜無物不　故聖人之用兵也亡國而不失人心利
宜故莫知其極

澤施乎萬世，不為愛人。因人心之所欲亡而亡之，故不失人心也。夫白日登天，六合俱照，非愛人而照之也。故聖人之在天下，煖焉若陽春之自和，故澤者不謝；凄乎若秋霜之自降，故彫落者不怨。○亡國而不失人心，崔云：亡敵國而得其人心。故樂通物，非聖人也；夫聖人無樂也，直莫之塞而物自通。有親，非仁也；至仁無親，任理而自存。天時，非賢也；時之者，未若忘時而自合之賢也。利害不通，非君子也；不能一是非之塗，而就利違害，則傷德而累當矣。行名失己，非士也；善為士者，遺名而自得，故名當其實而福應其身。○應，應對之應。亡身不真，非役人也。自失其性而矯以從物，受役多矣，安能役人。若狐不偕、務光、伯夷、叔齊、箕子胥餘、紀他、申徒狄，是役人之役，適人之適而不自適其適者也斯皆舍己殉人徇彼傷我也○狐不偕司馬云古賢人也務光皇甫謐云黃帝時人其長七寸伯夷叔齊孤竹君之二子箕子胥餘司馬云胥餘箕子名也見尸子崔同又云尸子曰箕子胥餘漆身為厲被髮佯狂或云尸子曰比干也胥餘其名他徒何反申徒狄殷時人負石自沈於河崔本作司徒狄舍音捨下同

古之眞人其狀義而不朋與物同宜而非朋黨若不足而不承冲虛無餘如若不足也下之而無不上若不足而不承也○朋如字李云迎也又音拯上時掌反

與乎其觚而不堅也常遊於獨而非固守○與如字又音豫同云疑貌觚音孤王云觚特立不倚也崔云觚稜也

張乎其虛而不華也曠然無懷乃至於實

邴邴乎其似喜乎至人無喜暢然和適故似喜也○邴邴徐音丙郭甫杏反向云喜貌

簡文云明貌崔乎其不得已乎動靜行止常居必然之極○崔千罪反徐息罪反郭且雷反向云動貌簡文云速貌滀乎進我色也不以物傷已也○滀本又作慉勑六反司馬云色憤起貌王云畜有德充也簡文云聚也與乎止我德也無所趨也厲乎其似世乎至人無厲與世同行故若厲也○厲如字崔本作廣云苞羅者廣也謷乎其未可制也高放而自得○謷五羔反徐五到反司馬云志遠貌王云高邁於俗也連乎其似好閉也緜邈深遠莫見其門○連如字李云連緜長貌崔云蹇連也音輦好呼報反下皆同悗乎忘其言也不識不知而天機自發故悗然也○悗忘本反字或作免李云無匹貌王云廢忘也崔云婉順也以刑為體刑者治之體非我為○治直吏反以禮為翼禮者世之所以自行耳非我制以知

為時[知自時之動非我唱]以德為循〇[德者自彼所循非我作循本亦作修兩得]以刑為體者綽乎其殺也〇[任治之自殺故雖殺而寬綽昌略反崔本作淖]以禮為翼者所以行於世也[順世之所行故無不行]以知為時者不得已於事也[夫高下相受不可逆之流也大小相羣不得已之勢也曠然無情羣知之府也承百流之會居師人之極者奚為哉任時世之知委必然之事付之天下而已]以德為循者言其與有足者至於丘也[丘者所以本也以性言之則性之本也夫物各有足足於本也付羣德之自循斯與有足者至於本也本至而理盡矣]而人真以為勤行者也[凡此皆自彼而成成之不在己則雖處萬機之極而常閒暇自適忽然不覺事之經身悗然不識言之在口而人之大迷真謂至人

之為勤行者也○閒音閑故其好之也一其弗好之也一常無心而順彼故好
與不好所善所惡與彼無二也其一也一其不一也一其一也天徒也其不一也人徒
也夫真人同天人均彼我不以其一異乎不一其一與天為徒無有而不一者天也其不
一與人為徒彼彼而我我者人也天與人不相勝也是之謂真人
夫真人同天人齊萬致萬致不相非天人不相勝故曠然無不一冥然無不在而玄同彼我也死生命
也其有夜旦之常天也其有晝夜之常天之道也故知死生者命之極非妄然也若夜
旦耳奚所係哉○旦如字崔本作粗音恒人之有所不得與皆物之情也夫真
人在晝得晝在夜得夜以死生為晝夜豈有所不得乎人之有所不得而憂娛在懷皆物情耳非理也彼

特以天為父而身猶愛之而況其卓乎卓者獨化之謂也夫相因之功莫若獨化之至也故人之所因者天也天之所生者獨化也人皆以天為父故晝夜之變寒暑之節猶不敢惡隨天安之況乎卓爾獨化至於玄冥之竟又安得而不任之哉既任之則死生變化唯命之從也○卓中學反惡烏路反竟音境人特以有君為愈乎已而身猶死之而況其真乎夫真者不假於物而自然也夫自然之不可避豈直君命而已哉泉涸魚相與處於陸相呴以濕相濡以沫不如相忘於江湖與其不足而相愛豈若有餘而相忘○涸戶各反郭戶格反爾雅云竭也呴況于況付二反濡本又作濡音儒或一音如戍反沫音末忘音亡下同而其譽堯而非桀也不如兩忘而化其道夫非譽皆

生於不足故至足者忘善惡遺死生與變化爲一曠然無不適矣又安知堯桀之所在邪○卷音餘注同

夫大塊載我以形勞我以生佚我以老息我以死夫形生老死皆我也故形爲我載生爲我勞老爲我佚死爲我息四者雖變未始非我我奚惜哉○塊苦怪反又苦對反徐胡罪反佚音逸

故善吾生者乃所以善吾死也死與生皆命也無善則已有善則生不獨善也故若以吾生爲善乎則吾死亦善也

夫藏舟於壑藏山於澤謂之固矣方言生死變化之不可逃故先舉固逃之極然然後明之以必變之符將任化而無係也○壑火各反

然而夜半有力者負之而走昧者不知也夫無力之力莫大於變化者也故乃揭天地以趍新負山嶽以舍故故不暫停忽已涉新則天地萬物無時而不移也世皆新矣而

日以為故舟日易矣而視之若舊山日更矣而視之若前令交一臂而失之皆在冥中去矣故向者之我非復令我也我與今俱往豈常守故哉而世莫之覺不謂今之所遇可係而在豈不昧哉○揭其列其謂二反

藏小大有宜猶有所遯不知與化為體而思藏之使不化則雖至深至固各得其所宜而無以禁其日變也故夫藏而有之者不能止其遯也無藏而任化者變不能變也

若夫藏天下於天下而不得所遯是恒物之大情也無所藏而都任之則與物無不冥與化無不一故無外無內無死無生體天地而合變化索所遯而不得矣此乃常存之大情非一曲之小意索所百反

特犯人之形而猶喜之若人之形者萬化而未始有極也人形乃是萬化之一遇耳未獨喜也無極之中所遇者皆若人耳豈特人形可喜而餘物無樂邪○

樂音洛下及注同

其爲樂可勝計邪本非人而化爲人化爲人失於故矣失故而喜喜所遇也變化無窮何所不遇所遇而樂樂豈有極乎○勝音升故聖人將遊於物之所不得遯而皆存夫聖人遊於變化之塗放於日新之流萬物萬化亦與之萬化化者無極亦與之無極誰得遯之哉夫於生爲亡而於死爲存於死爲存則何時而非存哉善妖善老善始善終人猶效之此自均於百年之內不善少而否老未能體變化齊死生也然其平粹猶足以師人也○善妖崔本作狡同古卯反本又作夭於表反簡文於橋反云異也少詩照反否音鄙本亦作鄙粹雖遂反又況萬物之所係而一化之所待乎此玄同萬物而與化爲體故其爲天下之所宗也不亦宜乎夫道有情有信無爲無形有無情之情故無爲也有

常無之信故無形也可傳而不可受故令傳而宅之莫能受而有之○傳直專反注同可
得而不可見咸得自容而莫見其狀自本自根未有天地自古以
固存明無不待有而無也神鬼神帝生天生地無也豈能生神哉不神鬼帝而鬼帝
自神斯乃不神之神也不生天地而天地自生斯乃不
生之生也故夫人之果不足以神而不神則神矣功何
足有事何足恃哉在太極之先而不為高在六極之下而不為
深先天地生而不為久長於上古而不老言道之無所不在也故在
高為無高在深為無深在久為無久在老為無老無所
不在而所在皆無也且上下無不格者不得以高卑稱
也內外無不至者不得以表裏名也與化俱移者不得
言久也終始常無者不可謂老也○大音泰之先一本

作先之崔本同先天悉薦反長丁丈反瓶尺證反狶韋氏得之以挈天地伏戲得之以襲氣母維斗得之終古不忒日月得之終古不息堪坏得之以襲崑崙馮夷得之以遊大川肩吾得之以處大山黃帝得之以登雲天顓頊得之以處玄宮禺強得之立乎北極西王母得之坐乎少廣莫知其始莫知其終彭祖得之上及有虞下及五伯傅說得之以相武丁奄有天下乘東維騎箕尾而比於列星道無能也此言得之於道乃所以明其自得耳自得耳道不能使之得也我之未得又不能為得也然則凡得之者外不資於道內

不由於已掘然自得而獨化也夫生之難也猶獨化而自得之矣既得其生又何患於生之不得而為之哉故為生果不足以全生以其生之不由於已為也而為之則傷其眞生也○狶韋氏許豈反郭褚伊反李音豕司馬云上古帝王名挈徐苦結反郭苦係反司馬云要也得天地要也崔云成也伏戲音羲崔本作伏戲氏襲氣母司馬襲入也氣母元氣之母也崔云取元氣之本維斗李云北斗所以為天之綱維終古崔云終古久也鄭元注周禮云終古猶言常也忒它得反差也崔本作代堪坏徐扶眉反郭孚杯反崔作邳司馬云堪坏神名人面獸形淮南作欽負崐崘崐或作岷同音昆下力門反崐崘山名馮夷司馬云清泠傳曰華陰潼鄉隄首人也服八石得水仙是為河伯一云以八月庚子浴於河而溺死一云渡河溺死大川河也崔本作泰川肩吾司馬云山神不死至孔子時大山泰又如字黃帝崔云得道而上天也顓音專頊許玉反玄宮李云顓頊帝高陽氏

玄宮北方宮也月令曰其帝顓頊其神玄冥禺強音虞
郭語龍反司馬云山海經曰北海之渚有神人面鳥身
珥兩青蛇踐兩赤蛇名禺強崔云大荒經曰北海之神
名曰禺強靈龜為之使歸藏曰昔穆王子筮卦於禺強
案海外經云北方禺強黑身手足乘兩龍郭璞以為水
神人面鳥身簡文云北海神也一名禺京是黃帝之孫
也西王母山海經云狀如人狗尾蓬頭戴勝善嘯居海
水之涯漢武內傳云西王母與上元夫人降帝美容貌
神仙人也少廣司馬云穴名崔云山名或云西方空界之
名彭祖解見逍遙篇崔云壽七百歲或以為仙不死紹
息亮反武丁至列星司馬云傳說殷相也武丁殷王高
宗也東維箕斗之間天漢津之東維也星經曰一星在
尾上言其乘東維騎箕尾之間也崔云傳說死其精神
乘東維託龍角乃列宿今尾上有傳說星崔本此下更
有其生無父母死登遐三年而形遯此言
神之無能名者也凡二十二字掘其勿反

南伯子葵問

乎女偊曰子之年長矣而色若孺子何也曰吾聞道矣聞道則任其自生故氣色全也〇葵李云葵當作綦聲之誤也偊徐音禹李音矩一云是婦人也長丁丈反孺本亦作孺如喻反李云弱子也南伯子葵曰道可得學邪曰惡惡可子
非其人也夫卜梁倚有聖人之才而無聖人之道我有
聖人之道而無聖人之才吾欲以教之庶幾其果為聖
人乎不然以聖人之道告聖人之才亦易矣吾猶守而
告之參日而後能外天下外猶遺也〇惡惡並音烏下烏乎同卜梁倚魚綺反又其綺反李云卜梁姓倚名易以豉反參音三已外天下矣吾又守之七日而後外

物物者朝夕所須切己難忘已外物矣吾又守之九日而後能外生
都遺也已外生矣而後能朝徹遺生則不惡死不惡死故所遇即安豁然無滯見機
而作斯朝徹也○朝如字李除遥反下同徹如字郭司馬云朝旦也徹達妙之道李云夫能洞照不崇朝而遠
徹也惡烏路反下同豁呼活反朝徹而後能見獨當所遇而安之忘先後之所接斯見獨者
也見獨而後能無古今與獨俱往無古今而後能入於不死
不生夫係生故有死惡死故有生是以無係無惡然後能無死無生殺生者不死生生
者不生其為物無不將也任其自將故無不將○殺生者不死李云殺猶亡也亡生
者不死崔云除其營生為殺生生者不生李云矜生者不生也崔云常營其生為生生無不迎也

任其自迎故無不迎無不毀也任其自毀故無不毀無不成也任其自成故無不成其

名爲攖寧夫與物冥者物縈亦縈而未始不寧也○攖郭音縈徐於營反李於盈反崔云有所繫著

也攖寧也者攖而後成者也物縈而獨不縈則敗矣故縈而任之則莫不曲成矣

南伯子葵曰子獨惡乎聞之曰聞諸副墨之子副墨之

子聞諸洛誦之孫洛誦之孫聞之瞻明瞻明聞之聶許

聶許聞之需役需役聞之於謳於謳聞之玄冥玄冥者所以名

無而非無○副墨李云可以副貳玄墨也崔云此以下皆古人姓名或寓之耳無其人洛誦李云誦通也苞洛

無所不通也瞻明音占李云神明洞徹也聶許徐乃攝反李云許與也攝而保之無所施與也需役徐音須李

音儒云儒弱為役也王云需待也役亭毒也於音烏又如字謳徐烏侯反李香于反云謳煦也欲化之貌王云謳歌謠也玄冥李云強名曰玄視之冥然向郭云所名無而非無也

玄冥聞之參寥

夫階名以至無者必得無於名表故雖玄冥猶未極而又推寄於參寥亦玄之又玄也○參七南反寥徐力彫反李云參高也高邈寥曠不可名也

參寥聞之疑始

夫自然之理有積習而成者蓋階近以至遠研粗以至精故乃七重而後無之名九重而後疑無是始也○疑始李云又疑無是始則始非無名也粗七胡反重直龍反下同

子祀子輿子犁子來四人相與語曰孰能以無為首以生為脊以死為尻孰知死生存亡之一體者吾與之友矣四人相視而笑莫逆於心遂相與為友俄而子

與有病子祀往問之曰偉哉夫造物者將以予為此拘
拘也曲僂發背上有五管頤隱於齊肩高於頂句贅指
天陰陽之氣有沴沴陵亂也〇子祀崔云淮南作子永行年五十四而病傴僂子輿本又作
與音餘犂禮兮反尻苦羔反倬韋鬼反向云美也崔云
自此至鑑干井皆子祀自說病狀也拘拘郭音駒司馬
云體拘攣也王云不伸也僂徐力主反頂本亦作項崔
木作釘音頂句俱尌反徐古侯反贅徐之銳反指天李
云句贅項椎也其形似贅言其上向也沴音麗徐又
待頤反郭奴結反云陵亂也李同崔本作洗云滿也其
心閒而無事不以為患〇閒音閑崔以其心屬上句跰躃而鑑於井曰嗟
乎夫造物者又將以予為此拘拘也夫任自然之變者無嗟也與物嗟耳

○跰躃步田反下悉田反崔本作邊鮮司馬云病不能行故跰躃也鑑古暫反曰嗟乎崔云此子與辭子

祀曰女惡之乎曰亡予何惡浸假而化予之左臂以爲

雞予因以求時夜浸假而化予之右臂以爲彈予因以

求鴞炙浸假而化予之尻以爲輪以神爲馬予因而乘之

豈更駕哉浸漸也夫體化合變則無往而不因無因而不可也○女惡音汝下同下烏路反亡如字絕句予何惡烏路反下及注同一音如字讀則連亡字爲句浸子鴆反向云漸也以求時夜一本無求字彈徒旦反鴞户嬌反炙章夜反

且夫得者時也當所遇之時世謂之得失者順也時不暫停順往而去世謂之失安時而處順哀樂不能入也此古之所謂

縣解也而不能自解者物有結之一不能自解則衆物共結之矣故能解則無所不解無所不解則無所而解也○樂音洛縣音玄解音蟹下及注同向云縣解無所係也且夫物不勝天久矣吾又何惡焉天不能無晝夜我安能無死生而惡之哉俄而子來有病喘喘然將死其妻子環而泣之犂往問之曰叱避無怛化夫死生猶寤寐耳於理當寐不願人驚之將化而死無為怛之也○喘喘川轉反又尺軟反崔本作惴惴環如字徐音患李云繞也叱昌失反怛丁達反崔本作𧍑音怛㮣怛驚也鄭衆注周禮考工記不能驚怛是也倚其戶與之語曰偉哉造化又將奚以汝為將奚以汝適以汝為鼠肝乎以汝為蟲臂乎子來曰父母於子

東西南北唯命之從陰陽於人不翅於父母自古或有能違父母
之命者未有能違陰陽之變而距晝夜之節者也○倚
於綺反鼠肝向云委弃土壤而已王云取微蔑至賤辟
亦作陽在本同
翅徐詩知反彼近吾死而我不聽我則悍矣彼何罪
焉死生猶晝夜耳未足為遠也時當死亦非所禁而橫
有不聽之則適足悍逆於理以速其死其死之速由
於我悍非死之罪也彼謂死耳在生故以死為彼○彼
近如字悍本亦作捍胡旦反又音旱說文云悍抵也
夫大塊載我以形勞我以生佚我以老息我以死故善
吾生者乃所以善吾死也理常俱也今大冶鑄金金踊躍曰
我且必為鏌鋣大冶必以為不祥之金今一犯人之形

而曰人耳人耳夫造化者必以為不祥之人人耳人耳唯顧為人也亦猶金之踊躍世皆知金之不祥而不能任其自化大變化之道靡所不遇今一遇人形豈故為哉生非故為時自生耳矜而有之不亦妄乎○且如字徐子餘反鏌音莫鋣以嗟反鏌鋣劒名今一以天地為大爐以造化為大冶惡乎往而不可哉人皆知金之有係為不祥故明己之無異於金則所係之情可解可解則無不可也○爐劣奴反惡音烏解如字下同．成然寐蘧然覺寤寐自若不以死生累心○成然如字崔同李云成然縣解之貌本或作戌音恤簡文云當作滅本又作眓呼括反視高貌本亦作俄然蘧然李音渠崔本作據又其據反蘧然有形之貌覺古孝反向崔本此下更有發然汗出一句云無係則津液通也崔云滎衛和通不以化為懼也

子桑戶孟子反子琴

張三人相與友曰孰能相與於無相與相爲於無相爲夫體天地冥而化者雖手足異任五藏殊管未嘗相與而百節同和斯相與於無相與也未嘗相爲而表裏俱濟斯相爲於無相爲也若乃役其心志以恤手足運其股肱以營五藏則相營愈篤而內外愈困矣故以天下爲一體者無愛爲於其間也○與如字崔云猶親也孰或一音豫相爲如字或一音于僞反愛爲于僞反能登天遊霧撓挑無極無所不任○撓徐而少反郭許堯反挑徐徒了反郭李徒堯反又作兆李云撓挑猶宛轉也宛轉玄曠之中簡文云循環之名相忘以生無所終窮忘其生則無不忘矣故能隨變任化無所窮竟三人相視而笑莫逆於心遂相與友若然者豈友哉蓋寄明至親而無愛念之近情也莫然有閒而子桑户死未

葬孔子聞之使子貢往待事焉或編曲或鼓琴相和而歌曰嗟來桑戶乎嗟來桑戶乎而已反其眞而我猶爲人猗人哭亦哭俗內之遊也齊死生忘哀樂臨尸能歌方外之至也○莫然如字崔云定也有間如字崔李云頃也本亦作爲間編曲必連反字林布千反郭父珍反史記甫連反李云曲蠶薄和胡卧反猶崔本作獨猗於宜反崔云辭也樂音洛子貢趨而進曰敢問臨尸而歌禮乎二人相視而笑曰是惡知禮意夫知禮意者必遊外以經內守母以存子稱情而直往也若乃矜乎名聲牽乎形制則孝不任誠慈不任實父子兄弟懷情相欺豈禮之大意哉○惡音烏下同稱尺證反子貢反以告孔子曰彼何人者邪脩行無有而外

其形骸，臨尸而歌，顏色不變，無以命之。彼何人者邪？孔子曰：彼遊方之外者也，而丘遊方之內者也。

夫理有至極，外內相冥，未有極遊外之至而不冥於內者也，未有能冥於內而不遊於外者也。故聖人常遊外以私內，無心以順有，故雖終日揮形而神氣無變，俯仰萬機而淡然自若。夫見形而不及神者，天下之常累也。是故覩其與羣物並行，則莫能謂之遺物而離人矣；觀其體化而應務，則莫能謂之坐忘而自得矣。豈直謂聖人不然哉？乃必謂至理之無此。是故莊子將明流統之所宗以釋天下之可悟，若直就稱仲尼之如此，或者將據所見以排之，故超聖人之內迹，而寄方外於數子。宜忘其所寄以尋述作之大意，則夫遊外宏內之道坦然自明，而莊子之書故是涉俗蓋世之談矣。○無以命之，崔李云：命，名也。淡，徒暫反。離，力知反，下同。應，應對之應，下同。數，所主反。坦，徒但反外內不相及而丘使女往弔之丘則陋矣夫弔者方內之近事也施之於方外則陋矣○女音汝下同彼方且與造物者為人而遊乎天地之一氣皆冥之故無二彼以生為附贅縣疣若疣之自縣贅之自附此氣之時聚非所樂也○縣音玄注同疣音尤以死為決疣潰癰若疣之自決癰之自潰此氣之自散非所惜也○決徐古穴反疣胡玩反潰胡對反夫若然者又惡知死生先後之所在死生代謝未始有極與之俱往則無往不可故不知勝負之所在也假於異物託於同體假因也今死生聚散變化無方皆異物也無異而不假故所假雖異而共成一體也忘其肝膽遺其耳目任之於理而冥往也反覆終始不知端倪五藏猶忘何物

足識哉未始有識故能放身於變化之塗玄同於反覆之波而不知終始之所及也○覆芳服反倪本或作淣同音崖倏音詣

芒然彷徨乎塵垢之外逍遥乎無為之業所謂無為之業非拱默而已所謂塵垢之外非伏於山林也○芒然莫剛反李云無係之貌彷薄剛反徨音皇塵垢如字崔本作塚均云冢音壠均垢同齊人以風塵為逢堁

彼又惡能憒憒然為世俗之禮以觀衆人之耳目哉其所以觀示於衆人者皆其塵垢耳非方外之冥物也○憒工内反說文蒼頡篇並云亂也觀古亂反示也注同

子貢曰然則夫子何方之依子貢不聞性與天道故見其所依而不見其所以依也夫所以依者不依也世豈覺之哉

曰丘天之戮民也以方内為桎梏明所貴在方外也夫遊外者依内離人者合俗故有天下者無以天下為也是

以遺物而後能入羣坐忘而後能應務愈遺之愈得之苟居斯極則雖欲釋之而理固自來斯乃天人之所不執者也雖然吾與汝共之雖為世所桎梏但為與汝共之耳明己恒自在外也子貢曰敢問其方問所以遊外而共內之意孔子曰魚相造乎水人相造乎道相造乎水者穿池而養給相造乎道者無事而生定所造雖異其於由無事以得事自方外以共內然後養給而生定則莫不皆然也俱不自知耳故成無為也○造七報反詣也下同池本亦作地崔同故曰魚相忘乎江湖人相忘乎道術各自足而相忘者天下莫不然也至人常足故常忘也○忘音亡下同子貢曰敢問畸人問向之所謂方外而不耦於俗者又安在也○畸人居宜反司馬云不耦也不耦於人謂闕於禮教

也李其宜反言奇異也曰畸人者畸於人而侔於天夫與內冥者遊於外也獨能遊外以冥內任萬物之自然使天性各足而帝王道成斯乃畸於人而侔於天也○侔音謀司馬云等也亦從也故曰天之小人人之君子人之君子天之小人也以自然言之則人無小大以人理言之則侔於天者可謂君子矣顏回問仲尼曰孟孫才其母死哭泣無涕中心不慼居喪不哀無是三者以善喪蓋魯國固有無其實而得其名者乎回一怪之魯國觀其禮而顏回察其心○孟孫才李云三桓後才其名也崔云才或作牛仲尼曰夫孟孫氏盡之矣進於知矣盡死生之理應內外之宜者動而以天行非知之匹也應應對之應唯簡

之而不得（簡擇死生而不得其異若春秋冬夏四時行耳）夫已有所簡矣孟孫氏不知所以生不知所以死（已簡而不得故無不安無不安故不以生死槩意而付之自化也）不知就先不知就後（所遇而安）若化為物（不違化也）以待其所不知之化已乎（死生宛轉與化為一猶乃忘其所知於當今豈待所未知而豫憂者哉）且方將化惡知不化哉方將不化惡知已化哉（已化而生焉知未生之時哉未化而死焉知已死之後哉故無所避就而與化俱生也○惡音烏下同焉於虔反下皆同）吾特與汝其夢未始覺者邪（夫死生猶覺夢耳今夢自以為覺則無以明覺之非夢也苟無以明覺之非夢則亦無以明生之非死矣死生覺夢未知所在當其所遇無不自得何為在此而憂

彼哉○覺古孝反注下皆同

且彼有駭形而無損心以變化為形之駭動耳故不以死生損累其心○駭形如字崔作咳云有嬰兒之形

有旦宅而無情死似形骸之變為旦宅之日新耳其情不以為死○旦宅並如字王云旦慕改易宅是神居也李本作怛咤上丹末反下陟嫁反云驚恍之貌崔本作靼宅靼怛也

孟孫氏特覺人哭亦哭是自其所以乃夫常覺者無往而有逆也故人哭亦哭正自是其所宜也○乃崔本作惡

且也相與吾之耳

矣夫死生變化吾皆吾之既皆自吾吾何失哉未始失吾吾何憂哉無逆故人哭亦哭無憂故哭而不哀

庸詎知吾所謂吾之乎靡所不吾也故玄同外內彌貫古今與化日新豈知吾之所在也○詎其庶反下章同

且汝夢為鳥而厲乎天夢為魚而沒於淵

言無往而不自得也不識今之言者其覺者乎其夢者乎夢之時自以為

覺則焉知今者之非夢邪亦焉知其非覺邪覺夢之化無往而不可則死生之變無時而足惜也造適

不及笑獻笑不及排所造皆適則忘適矣故不及笑也排者推移之謂也夫禮哭必哀獻

笑必樂哀樂存懷則不能與適推移矣今孟孫常適故哭而不哀與化俱往也○造七報反注同獻笑向云獻

善也王云章也意有適章於笑故曰獻笑排皮皆反樂音洛下同安排而去化乃入於

寥天一安於推移而與化俱去故乃入於寂寥而與天為一也自此以上至子祀其致一也所執之

哀異故歌哭不同○寥本亦作廖力彫反李良救反天一崔本作造敵不及笑獻笑不及整安排而造化不及

眇眇不及雄漻淪雄漻淪不及簞筵簞筵乃入於漻天一上時掌反意而子見許由許由

曰堯何以資汝資者給濟之謂○意而子李云賢士也資給也意而子曰堯謂
我汝必躬服仁義而明言是非許由曰而奚來為軹夫
堯既已黥汝以仁義而劓汝以是非矣汝將何以遊夫
遙蕩恣睢轉徙之塗乎言其將以形教自虧殘而不能復遊夫自得之場無係之塗也
○軹之是反郭之忍反崔云軹辭也李云是也黥其京反劓魚器反李云毀道德以為仁義不似黥乎破玄同以為是非不似劓乎遙蕩王云縱散也恣七咨反又如字睢郭李云許維反徐許鼻反李王皆云恣睢自得貌
復扶又反下同意而子曰雖然吾願遊於其藩不敢復求涉中道也且願遊其藩傍而已○藩甫煩反李音煩司馬向皆云崖也崔云域也
許由曰不然夫盲者無

以與乎眉目顔色之好瞽者無以與乎青黃黼黻之觀意而子曰夫無莊之失其美據梁之失其力黃帝之亡其知皆在鑪捶之間耳言天下之物未必皆自成也自然之理亦有須治鍛而為器者耳故此之三人亦皆聞道而後亡其所務也此皆寄言以遣云為之累○盲本又作眇崔本作目云目或作刑刑黥劓也與音豫下同好如字又呼報反黼音甫黻音弗觀古亂反無莊據梁司馬云皆人名李云無莊無莊飾也據梁強梁也鑪音盧捶本又作錘徐之睡反又之蘂反一音時蘂反李云錘鍛頭顛口句鐵以吹火也崔云盧謂之笼捶當作甄盧甄之間言小處也甄音丈偽反鍛丁亂反庸詎知夫造物者之不息我黥而補我劓使我乘成以隨先生邪夫率性直往者自然

也徃而傷性性傷而能改者亦自然也庸詎知我之自然當不息黥補劓而乗可成之道以隨夫子邪而欲弃而勿告恐非造物之至

許由曰噫未可知也我為汝言其大略吾師乎吾師乎䪜萬物而不為義澤及萬世而不為仁皆自爾耳亦無愛為於其間也安所寄其仁義○噫徐音醫李云歎聲也崔云辭也本亦作意音同又如字謂呼意而名也為于偽反注同䪜子兮反司馬云碎也長於上古而不為老日新也○長丁丈反覆載天地刻彫衆形而不為巧自然故非巧也此所遊已遊於不為而師於無師也

顏回曰回益矣以損之為益也仲尼曰何謂也曰回忘仁義矣曰可矣猶未也仁者兼愛之迹義者成物之功愛之非仁仁迹行焉成之非義

義功見焉存夫仁義不足以知愛利之由無心故忘之可也但忘功迹故猶未玄達○見賢遍反下文同它日復見曰回益矣曰何謂也曰回忘禮樂矣曰可矣猶未也禮者形體之用樂者樂生之具忘其具未若忘其所以具也○它日崔本作異日下亦然復扶又反下同樂音洛又音嶽它日復見曰回益矣曰何謂也曰回坐忘矣仲尼蹵然曰何謂坐忘顏回曰墮枝體黜聰明離形去知同於大通此謂坐忘夫坐忘者奚所不忘哉既忘其迹又忘其所以迹者內不覺其一身外不識有天地然後曠然與變化為體而無不通也○蹵然子六反崔云變色貌墮許規反徐又待果反去起呂反知音智坐忘崔云端坐而忘仲尼曰同則無好也無物不同則未嘗不適未

嘗不適何好何惡哉○好呼報反注同惡烏路反化則無常也同於化者唯化所適故無常也

而果其賢乎丘也請從而後也子輿與子桑友而霖雨

十日子輿曰子桑殆病矣裹飯而往食之此二人相為於無相為者也今裹飯而相食者乃任之天理而自爾非相為而後往也○霖雨本又作淋音林左傳云雨三日以往為霖裹音果食音嗣注同至子桑之門則若歌若哭鼓琴曰父邪母邪

天乎人乎有不任其聲而趨舉其詩焉子輿入曰子之

歌詩何故若是嬾其有情所以趨出遠理○有不任音壬其聲而趨七住反舉其詩焉崔云不任其聲憊也趨舉其詩無音曲也曰吾思夫使我至此極者而弗得也

父母豈欲吾貧哉天無私覆地無私載天地豈私貧我哉求其為之者而不得也然而至此極者命也夫言物皆自然無為之者也

本手册依据为《签名说注于·大宗师》编写，使读者学习便用，禁止用作商业用途。

劳神